# 模糊性态度、
# 认知教育与金融决策

## ——基于田野实验的探究

李天一 ◎ 著



中国财经出版传媒集团

经济科学出版社
Economic Science Press

**图书在版编目（CIP）数据**

模糊性态度、认知教育与金融决策 ： 基于田野实验
的探究／李天一著 . -- 北京 ： 经济科学出版社，2025.
4. -- ISBN 978 - 7 - 5218 - 6682 - 7

Ⅰ. F831. 2

中国国家版本馆 CIP 数据核字第 2025C958T7 号


责任编辑：梁含依　胡成洁
责任校对：孙　晨
责任印制：范　艳

## 模糊性态度、认知教育与金融决策
### ——基于田野实验的探究

MOHUXING TAIDU，RENZHI JIAOYU YU JINRONG JUECE
——JIYU TIANYE SHIYAN DE TANJIU

李天一　著

经济科学出版社出版、发行　新华书店经销
社址：北京市海淀区阜成路甲 28 号　邮编：100142
经管中心电话：010 - 88191335　发行部电话：010 - 88191522
网址：www. esp. com. cn
电子邮箱：espcxy@ 126. com
天猫网店：经济科学出版社旗舰店
网址：http：// jjkxcbs. tmall. com
北京季蜂印刷有限公司印装
710 × 1000　16 开　10. 5 印张　200000 字
2025 年 4 月第 1 版　2025 年 4 月第 1 次印刷
ISBN 978 - 7 - 5218 - 6682 - 7　定价：50. 00 元
（图书出现印装问题，本社负责调换。电话：010 - 88191545）
（版权所有　侵权必究　打击盗版　举报热线：010 - 88191661
QQ：2242791300　营销中心电话：010 - 88191537
电子邮箱：dbts@ esp. com. cn）

# 前言

## Preface

　　金融决策不仅影响居民的幸福感和福利水平，对国家经济的发展和社会稳定同样影响深远。探索模糊性态度在居民金融决策中的作用，以及能否通过认知教育等外在手段改变居民的金融决策是十分必要的。本书在国内某头部线上众筹平台进行田野实验，通过调查问卷收集用户的相关信息，同时随机选择用户并提供与大病认知相关的认知教育，基于 3 817 个样本，从微观角度对影响金融决策的内在决定因素、外在影响因素以及潜在的影响渠道进行深入探究。

　　首先，本书测量个人在收益情境和损失情境下的模糊性态度和风险态度，并结合个人大病保险参与行为进行探究，发现人们在面对收益情境时总体表现为模糊性厌恶，而面对损失情境时总体表现为模糊性偏好。本书发现，是模糊性态度而不是风险态度决定了个人的大病保险点击与购买行为，个人越厌恶模糊性，越倾向于了解并购买相应的大病保险产品。

　　其次，本书对提供癌症发生和癌症死亡相关信息的大病认知教育效果进行检验，发现接受教育的个人保险市场参与积极性会大幅提高，个人接受教育后保险购买率平均提高了 2.16%，约占样本均值的 28.05%。同时，本书发现认知教育效果主要集中在模糊性偏好个体中，原因可能是模糊性偏好个体在接受认知教育后对大病发生和死亡危害认知的模糊性更容易消除；此外本书并未发现教育效果在不同风险态度人群中存在异质性。

　　最后，本书对认知教育潜在的影响机制进行检验。一方面基于信息行为渠道进行检验，未发现信息规避或信息搜寻行为是影响渠道。另一方面关注信息内容，从信念改变视角探究影响机制，证实了信念改变是认知教育奏效的渠道。教育奏效的一个主要渠道是改变模糊性偏好个体对大病的认知，进而改变保险市场行为，同时模糊性偏好个体在初始模糊信念更新后，参与保险市场的积极性提高得最为显著。

综上，本书的研究结果表明是模糊性态度决定了居民的保险市场参与决策，补充了相关领域学术研究的不足，具有一定的现实意义；此外，本研究发现，外在认知教育能在一定程度上改变居民金融决策，同时认知教育在初始认知模糊且偏好模糊性的个体中效果最佳，本书为提高认知教育效率提供一定的政策指导。

# 目　录
## *Contents*

# 第1章 引 言

## 1.1 研究动机

随着中国经济近几十年的飞速发展，居民财富不断积累，中国家庭总财富规模位居全球第二，仅低于美国。2023 年全国居民人均可支配收入 39 218 元，中国人民银行公布的 2024 年第一季度金融统计数据显示，我国人均存款近 11 万元。根据胡润研究院发布的《2023 胡润财富报告》，截至 2023 年 1 月 1 日，中国拥有 600 万元资产的"富裕家庭"数量已经达到 514 万户。

家庭是国家经济参与的基本单位，合理的家庭金融决策不仅对提升居民的幸福感和福利至关重要（肖经建，2011；高明和刘玉珍，2013；廖理和黄博，2020），也对国家金融市场发展以及国家宏观经济发展意义深远。然而，随着中国金融市场日趋完善，各种新型的、复杂的金融产品应运而生，金融产品越来越纷繁复杂。与此同时，居民的金融素养仍在一定程度上比较匮乏（廖理等，2021），有较大提升空间。根据中国人民银行发布的《消费者金融素养调查分析报告（2021）》，金融知识方面，消费者对信用知识掌握较好，对复利和贷款知识的掌握存在不足；金融行为方面，消费者在日常收支管理和按时还款方面表现突出，但在购买保险产品方面认识较为薄弱；金融态度方面，消费者表现整体较好，88.91% 的消费者认可金融教育的重要性。

鉴于金融素养的有限性，居民在作出合理金融决策的过程中面临着一定困难。我国不少家庭处于资产亚健康状态，具体的不合理现象为：住房资产占比高，金融资产配置少，不参与股票市场，投资组合中股票的比例低或投资组合多样化不足（Dimmock et al.，2016）；对金融投资的收益预期非理性，既不能承受本金损失，还追求高收益，进而导致非理性的投资行为；家庭商业保险参保率低，且侧重于保障未成年子女，中老年群体的参保率有待提高。

　　面对上述问题与现状，了解金融决策的内在影响因素是十分必要的。学者们对可能的影响因素展开研究，发现年龄（Guiso et al.，2002）、教育程度（Calvet and Sodini，2014）、乐观程度（Puri and Robinson，2007）、认知水平（Stango and Zinman，2009a；Stango and Zinman，2009b；Christelis et al.，2010；吴卫星等，2006）、风险态度（Friedman，1974；Guiso and Paiella，2007；Guiso et al.，2007；Outreville，2014；Outreville，2015；李涛和郭杰，2009；周弘；2015；张琳琬和吴卫星，2016；张云亮等，2020）和模糊性态度（Dimmock et al.，2016a）等内在个人特征均会影响股票投资和保险参与等金融决策。考虑到我国居民在保险领域尤其是商业保险领域参与度不足，本书将主要关注大病商业保险购买这一领域。同时，模糊性是最接近真实世界的形态，自从奈特不确定性（Knightian Uncertainty）提出后，一些学者针对模糊性展开了系统研究，其中陈增敬和埃布斯坦（Larry Epstein，2002）关于连续时间模糊性与风险的研究也获得了 2010 年的孙冶方经济科学奖。然而，研究模糊性与商业保险参与决策的相关实证文章较少，大多数研究基于理论层面进行分析，本书将对居民金融决策的内在驱动因素进行深入挖掘，分析是模糊性态度还是风险态度在金融决策中起主导作用，并尝试补充和完善相关领域的研究。

　　此外，思考如何通过外在手段帮助居民作出金融决策是很关键的，其中金融教育就是一个重要的外在影响手段。诺贝尔经济学奖获得者席勒（Shiller）在《金融与美好社会》（*Finance and the Good Society*）一书中提到，对金融进行进一步民主化改造，意味着创造更多为民众所开发的金融方案，比如提供金融建议、法律建议以及金融教育，同时还要运用一些为全民化方案服务的技术，以保证所有人都能更明智地参与金融系统。席勒重点指出金融教育对将更多人以更理性的姿态纳入金融系统的重要意义。同时，根据中国人民银行发布的《消费者金融素养调查分析报告（2021）》，2020 年我国居民对金融教育的重视程度相比 2019 年有显著提升，认为金融教育非常重要的比例提高了 14.04 个百分点，认为金融教育不重要的比例下降了近 10 个百分点。另外，一些研究发现通过外在提供信息和教育的方式可能会改变居民的金融决策（Bernheim and Garrett，2003；Duflo and Saez，2003；Hastings et al.，2008；Jeffrey et al.，2012；Goda et al.，2014；Bhargava and Manoli，2015；Liebman and Luttmer，2015；Brown et al.，2016；Carpena et al.，2017；Bai et al.，2021；Giles et al.，2021），有的研究也对信息提供的有效性产生怀疑，比如马斯特罗布奥尼（Mastrobuoni，2011）提出只有特定的信息提供方式或对特定人群提供信息才能奏效。那么，通过线上平台提供关于大病认知相关的信息能否改变居民的大病保险购买意愿？影响程度有多大？本书会具体展开讨论。

因此，为探究模糊性态度和认知教育与金融决策之间的关联，考察认知教育对哪类模糊性态度人群更奏效并探究其影响渠道，本书通过在国内某头部众筹线上平台进行田野实验，利用调查问卷收集个人相关信息，并结合个人在平台的真实保险行为进行探究，从微观角度出发对影响金融决策的内在驱动因素、外在驱动因素和影响渠道进行深入探究。

## 1.2　研　究　问　题

基于上述研究动机，为探究模糊性态度、认知教育与金融决策之间的关联及认知教育影响渠道，本书依次对以下三个问题展开讨论。

第一个研究问题将探究影响金融决策的内驱动力，对模糊性厌恶是否作为金融决策的内在决定因素进行检验。奈特（Knight，1921）首次区分不可度量的不确定（即模糊性）和可度量的风险，在模糊性的存在下，人们并不清楚各潜在结果的概率分布，那么模糊性态度是否影响个人的保险市场参与决策？是否个体越厌恶模糊性，越会购买特定类型的商业保险？此前，学者多从风险态度角度出发探究其与金融决策之间的关联（Friedman，1974；Blake，1996；Guiso and Paiella，2007；Guiso et al.，2007；Outreville，2014；Outreville，2015），虽然也有不少理论文章（Chen and Epstein，2002；Ghirardato et al.，2004；Klibanoff et al.，2005；Ju and Miao，2012）和部分实证文章（Larry and Martin，2008；Dimmock et al.，2016b）基于模糊性态度出发探究其对金融决策的影响，但是较少有文献聚焦商业保险参与行为（尤其是大病商业保险参与）并对比模糊性态度和风险态度哪个起主导作用。同时，现有的基于问卷调查搜集个人模糊性态度的文章多应用收益情境度量个人模糊性态度（Dimmock et al.，2016a；Dimmock et al.，2016b），若用损失情境对模糊性态度进行度量是否也会得到类似结果？基于哪种情境度量的指标对金融决策的解释力度更强？本书将依次进行检验。

第二个研究问题将探究金融决策能否被外在认知教育改变。此前学者们对于认知教育的效果一直众说纷纭，通过线上提供相关大病信息的方式进行认知教育能否改变居民决策？换言之，通过提供信息干预或进行教育能否改变个人的信念，从而影响个人的大病保险购买决策？本书通过将用户随机分配到实验组和对照组，观测接受癌症发生和癌症死亡相关信息的实验组人群是否更倾向于购买大病保险。首先评估提供有关大病的负面风险信息加总后处理效应（treatment effect）的大小，之后将进一步对比教育效果在不同人群中的异质性，包括不同大病初始认知（认知模糊、对大病乐观或悲观）、模糊性态度和风险态度人群中教育效果的差异。

第三个研究问题将聚焦认知教育发挥作用的潜在渠道，并依次进行实证检验。一方面，本书基于信息行为渠道进行检验，根据个人对待信息的态度将其分为信息搜寻和信息规避两组，并对比在两类群体中认知教育对金融决策的影响是否存在差异。另一方面，本书关注信息内容，即关注认知教育提供的信息与个人初始信念（比如认知模糊、对大病乐观或悲观等）之间的关系，并从信念改变的视角出发探究影响机制，对比模糊性偏好、模糊性中性和模糊性厌恶的人在对大病初始信念不同的情况下面对信息更新的反应程度是怎样的，从而探究何种态度人群的哪种初始认知的教育效果更好。

## 1.3 本 书 结 构

本书框架结构如图1-1所示。

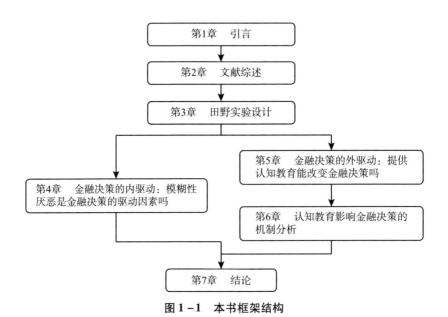

图 1-1  本书框架结构

第 1 章为引言。本章介绍了本书的研究动机、研究问题、整体结构以及研究贡献。考虑到居民金融决策对居民福祉和金融市场发展的重要意义，但是现实中因金融产品复杂和金融素养不足等因素导致居民无法作出合理的金融决策，因此聚焦金融决策，探讨其内在因素（如模糊性态度）和外在改变手段（如认知教育）十分必要，既有利于深入了解居民金融决策的本质，也能够思考如何通过外在手段改变居民原有的金融决策，兼具学术意义和实践价值。

第 2 章为文献综述。本章系统地回顾了相关文献。一方面，本章梳理了研究模糊性的相关文献，涵盖从早期的奈特不确定性到埃尔斯伯格（Ellsberg）悖论和之后关于模糊性的研究，包括模糊性的度量方式、模糊性与风险之间的联系以及关于模糊性对行为决策影响相关的理论研究和实证研究。另一方面，本章梳理了有关教育对决策影响的研究，首先梳理了关于金融素养对金融决策有重要意义的相关文献，其次梳理了通过田野实验的方式研究信息提供或教育对居民决策影响的相关文献。

第 3 章对田野实验设计展开具体介绍。首先，本章介绍了实验的流程概况，包括实验的线上平台载体以及实验前期、正式实验阶段和实验后期三个阶段的全部实验流程。其次，本章对实验主体设计依次展开阐述，包括收益情境和损失情境下的模糊性态度和风险态度的度量方式、认知教育的设计形式（分为强制教育与自行教育）和其他控制变量的收集。最后，本章介绍问卷回收的总体样本情况，以及各实验组和对照组的回收情况。

第 4 章对模糊性与金融决策之间的关联关系进行实证检验。首先，本章比较在收益情境和损失情境下度量的模糊性态度和风险态度各自指标的差异。其次，对比基于收益情境和损失情境的模糊性态度和风险态度指标在衡量金融决策过程中的解释力度。再次，重点比较模糊性态度、风险态度两种态度对商业保险市场决策的影响，辨析是哪个态度起主导作用。为了保证回归结果的稳健性，本章同时考虑了各种潜在的影响因素并依次进行论述。最后，本章对上述结果的异质性进行探究，对比模糊性态度对金融决策的影响在不同信任程度和不同购买能力群体中的异质性。

第 5 章利用田野实验的方式对信息提供对金融决策的影响进行实证检验，具体验证个人在接收癌症发生和癌症死亡的相关信息后，购买大病保险的意愿是否有所提高。首先，本章验证提供认知教育的加总影响；其次，探究处理效应在对大病初始认知不同的群体中是否存在异质性；再次，探究居民的主动学习行为对教育效果的影响；最后，比较认知教育效果在不同模糊性态度和风险态度人群中的异质性。

第6章在前一章的基础上对认知教育影响金融决策的机制分析进行实证检验。一方面，本章从信息行为渠道出发进行检验，基于信息搜寻和信息规避的视角探究认知教育对金融决策的影响是否在对待信息态度不同的人群中存在差异；另一方面，本章从个人信念改变的视角出发，探究其对认知教育效果的影响，对比模糊性偏好、模糊性中性和模糊性厌恶的人在对大病初始信念不同的情况下面对信息更新的反应程度是怎样的，并对比在不同模糊性态度人群中对何种信念进行纠正的教育效果更显著。

第7章对全书的研究内容与结论进行总结，并总结回顾本书的创新之处，并在现有研究的基础上，提出相应的研究启示以及未来的研究方向。

# 1.4　研究贡献

了解居民金融决策并引导居民制定合理的金融决策意义重大，对居民个人的福利和国家经济发展均影响深远。比如，通过购买大病保险可以有效避免大病突发对家庭经济的冲击，甚至可以避免因病致贫或因病返贫的发生，从国家层面来看，这或许也是践行扎实推进共同富裕的微观路径。本书以购买大病保险这一风险防范金融决策为例，分析其内在驱动因素——模糊性态度和外在影响因素——提供认知教育的作用。但据本书所了解，相关的学术研究尤其是针对中国的相关研究仍比较匮乏，一个重要的原因是数据难以获得，比如个人的模糊性态度等难以获得，另一个重要原因是现有研究方式的局限，缺少随机化的田野实验对相关问题进行因果检验。

首先，本书的优势在于提供了新的研究方法和研究数据。本书在国内某头部线上众筹平台进行田野实验，该平台是国内面向个人线上保险的主流市场，为本书提供了影响个人保险购买决策的天然实验场景。同时，本书通过田野实验的研究方法有效解决了因果识别的问题，避免了计量模型中常见的遗漏变量或内生性等问题。此外，本书使用了更为准确的方法度量模糊性态度，考虑到居民面对收益情境和损失情境时态度的区别（在风险态度中已得到验证），本书参考埃尔斯伯格（1961）和迪莫克等（2016a，2016b）的度量方法，除基于收益情境对居民的模糊性态度进行刻画外，同时也度量居民在损失情境下的模糊性态度。

其次，本书通过实证检验探究收益情境和损失情境下的模糊性态度和风险态度与大病保险购买决策之间的关联，比较两种情境中哪个态度对大病保险市场参与决策起主导作用。此前的学术研究多从风险态度的角度探究其与金融决策的关联，关于模糊性态度对保险购买决策以及同时对比模糊性态度和风险态度对保险购买决策的实证文献比较匮乏。同时，该话题本身也是十分重要的，有助于进一步了解人们在面对不确定时模糊性态度所起的作用，进而深入挖掘影响决策的内在因素，这对信息不对称广泛存在的保险市场尤为重要。

再次，此前学者们对信息提供的效果进行探究，关于教育效果也众说纷纭，且之前研究多通过线下信息或对特定人群进行教育。在数字经济时代，通过线上方式面对非特定人群的教育效果如何？国内相关研究较少，尤其关于线上认知教育对大病保险购买行为影响的文献更是比较匮乏。为了弥补上述空白，本书将对此进行验证，探究通过线上方式提供癌症发生和癌症死亡相关信息后，个人购买大病保险的意愿是否能显著提高？同时，人们的模糊性态度是否会影响金融教育的效果？模糊性态度不同的人群在接收大病信息后的反应是否存在差异？此前学者对此研究较少，本书尝试弥补这一空白，从模糊性态度的角度出发讨论大病认知教育影响不同家庭大病保险市场参与的非对称性。

最后，除了弥补学术空白外，本书对于实践也有较强的指导意义。一方面，探究模糊性态度是否是保险市场参与的重要驱动因素，有利于了解并预测居民的决策，从而提高保险市场的运行效率，产生巨大的社会效益。另一方面，从政策的角度来看，探究通过信息提供进行教育的影响效果是十分重要的，有助于帮助并指导居民制定更加合理的金融决策，对个人和国家均有重要影响。同时，有必要深入探究信息提供的教育效果以及其在不同人群中的效果差异，从而在有限成本的约束下发挥认知教育的最大效果。

# 第 2 章  文 献 综 述

## 2.1  模  糊  性

### 2.1.1  不 确 定 性

不确定性最早源于统计学领域，施蒂格勒（Stigler，1986）在《统计学史：1900 年之前的不确定性测量》（*The History of Statistics：The Measurement of Uncertainty before 1900*）一书中描述了统计学早期测量不确定性的多种方法，比如最小二乘法、概率论和逆概率等，此外还总结了概率演算向社会科学过渡的过程。

奈特（1921）最早将不确定性纳入经济的框架进行分析，著有《风险、不确定性与利润》（*Risk，Uncertainty and Profit*）一书，该书提出利润存在的根源是不确定性的存在，同时指出不确定性是不可度量的，并将其与风险进行区分，由奈特提出的不确定性被命名为奈特不确定性。凯恩斯（Keynes，1936）吸收并发扬了奈特的思想，在《就业、利息与货币通论》（*The General Theory of Employment，Interest，and Money*）一书中基于不确定性的分析方式构建理论体系，挑战了新古典理论，他认为现实的不确定性不能直接通过概率进行计算，否则经济中将不会存在失业等现象。

不确定性与信息紧密相关。由于信息的不完备，经济社会充满着不确定性，而信息中蕴含着大量价值，获得更多有效的信息有助于减缓不确定性。此外，当交易双方拥有的信息量不对等，即信息不对称时，也会导致市场的失灵。信息经济学由此发展起来。作为信息经济学的开创者，阿罗（Arrow）将信息作为减少不确定性的手段，引入一般均衡理论，与德布鲁（Debreu）一起构建阿罗 - 德布鲁一般均衡。

随着信息经济学的发展壮大，不确定性逐渐被广泛应用于多个领域，包括决策理论、博弈论和新制度经济学等，相关研究已经逐渐发展成西方经济理论的前沿阵地。此外，不确定性的引入对现代金融理论的发展同样有重要作用，当投资收益不确定时，如何在成本约束下选择最优的资产组合从而实现收益最大化，成为一个十分重要的领域。

1. 奈特不确定性

费雪（Fisher，1930）指出奈特和科斯（Coase）的理论是自现代经济学产生后对企业理论有重大影响的两个理论。奈特的《风险、不确定性和利润》一书否定了传统经济学的观点，认为利润的来源既不是资本的回报也不是工资的某种形式，不能将利润与完全竞争分割开。为了解释完全竞争下的利润是如何产生的，奈特通过引入风险和不确定性来进行论述。首先有必要简单对两个概念进行辨析，广义的不确定性包括风险和奈特不确定性，风险和奈特不确定性的区别在于风险是可度量的，有明确的概率分布，而奈特不确定性是不可度量的，结果是未知的。生产过程中的风险和奈特不确定性是由于前瞻性产生的——即当期生产的商品是为了满足未来的消费，对未来消费的预测需要面对不确定性。

奈特基于完全竞争框架展开论述，探究利润产生的原因。他指出，在完全竞争市场中，如果未来是可预见的，也就是在概率分布是已知的情况下，是不会产生利润的。概率已知情况下的风险与成本类似，可以通过转移给保险等方式来分散，支付的风险转移费用为提供风险转移服务的费用，因此不存在利润空间。只有在奈特不确定性的情境下利润才会产生，在奈特不确定性下，未来各种可能的分布未知，因此无法通过将风险转化为固定生产成本来规避，导致生产成本和销售价格之间的差异，即产生正或负的利润。

2. 前景理论

卡内曼和特沃斯基（Kahneman and Tversk，1979）提出了前景理论，对不确定性下的风险理论进行修正，奠定了行为经济学的基石，卡内曼因此于2002 年获得诺贝尔经济学奖。前景理论从心理学出发，将个人的心理因素纳入行为决策的分析框架，指出现实中人们在风险下的真实决策与传统经济学理论中的最优决策存在出入，其中最重要的贡献是发现人们在面对盈利或亏损时的反应不同，同时根据实验结果指出人们在现实决策中的三种效应：一是确定性效应（certainty effect），即人们会对确定性的结果赋予更高的权重；二是孤立效应（isolation effect），即人们会对前景有不同的分解方式或忽略前景的不同部分，从而导致不同的偏好；三是反射效应（reflection effect），即人们面对收益情况时呈现风险规避特征，面对损失情况时呈现风险偏好特征，两种情境下呈现镜像反射。

在前景理论的模型中，总价值由价值函数 $V(x)$ 和权重函数 $\pi(p)$ 确定，假设存在两种情况，模型表示如式（2-1）所示：

$$V(x, p; y, q) = \pi(p) \times v(x) + \pi(q) \times v(y) \qquad (2-1)$$

价值函数和权重函数如图 2-1 所示，价值函数在左侧，原点为参考点，价值函数在原点两侧的函数形式是不同的，整体呈"S"型，盈利时函数为凹，亏损时函数为凸。权重函数在右侧，整体来看函数是非线性的，呈"U"型，当概率接近 0 时，权重函数的值反而会提高，因此该函数存在高估小概率、低估大概率的特征。

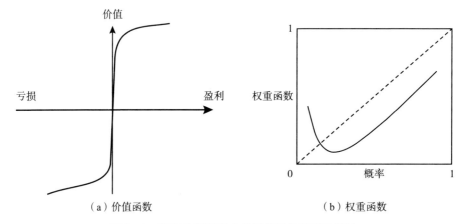

（a）价值函数　　　　　　　　（b）权重函数

图 2-1　原始前景理论中的价值函数和权重函数

随着前景理论不断发展，1992 年卡内曼和特沃斯基给出了价值函数的形式，如式（2-2）所示：

$$V(x) = \begin{cases} x^a, & if \ x \geqslant 0 \\ -\lambda(-x)^\beta, & if \ x \leqslant 0 \end{cases} \qquad (2-2)$$

在前景理论被提出后，很多学者对理论的适用性进行了实证检验。菲根鲍姆和托马斯（Fiegenbaum and Thomas，1988）以美国企业为例进行检验，发现风险与收益之间的确存在非线性关系，同时符合前景理论的假设。杰格斯（Jegers，1991）对比利时的经验数据进行检验，同样证明了前景理论成立。

前景理论也被广泛应用在方方面面。比如，贝尼特和席勒（Benaetzi and Shiller，1995）应用前景理论来解释股票溢价之谜——在过去的一个世纪里股票的表现远好于债券，但投资者更愿意持有债券，原因有二：一方面，投资者被认为是"损失厌恶者"，这意味着他们对损失比对收益更敏感；另一方面，长期投资者会经常评估他们的投资组合，即"短视的损失厌恶"。

### 2.1.2 关于模糊性的研究

奈特将"不确定性"和"风险"进行区分，其中"风险"可以用数字概率来表示，然而"不确定性"不能用数字概率来表示。埃尔斯伯格（1961）提出有些不确定性并不是风险，同时无法度量，将其用模糊性指代。本部分将依次介绍埃尔斯伯格悖论、模糊性的度量和模糊性与风险对比的相关文献。

1. 埃尔斯伯格悖论

在埃尔斯伯格悖论提出前，学界普遍公认的是主观期望效用理论，该理论由萨维奇（Savage）在 1954 年提出，认为可通过个体的行为偏好推出概率分布，从而使理性人的行为可根据效用函数和主观概率推出。然而主观期望效用理论的确凿性原则（the Sure-Thing Principle）一直备受争议，该原则认为人们的偏爱顺序在不同情景下始终保持一致。直到 1961 年埃尔斯伯格通过两个例子挑战了传统的主观期望效用理论，具体的例子如下。

例子 1：考虑以下假设的实验。假设您面对两个装有红色球和黑色球的瓮，选择一个瓮随机抽一个球。已知在瓮 I 中红色球和黑色球的数目未知，可能有 0 到 100 个红球；在瓮 II 中红色球和黑色球的数目已知，有 50 个红球和 50 个黑球。请您在取球之前猜测球的颜色，如果猜对，将获得 100 美元奖金，如果猜错，将得不到奖金。其中将红球从瓮 I 取出的事件标为红 I、从瓮 II 中取出的事件标为红 II；将黑球从瓮 I 取出的事件标为黑 I、从瓮 II 中取出的事件标为黑 II。您作为一个观察者对瓮里的信息一无所知，通过询问偏好来衡量您的主观概率。

问题 1：在红 I 和黑 I 中您会选择哪一个，还是无差异？换言之，从盒子 I 中抽出一个球，面对 100 美元的奖金，您会选择赌抽到的是红球、黑球还是无差异？

问题 2：在红 II 和黑 II 中您会选择哪一个，还是无差异？

问题 3：在红 I 和红 II 中您会选择哪一个，还是无差异？

问题 4：在黑 I 和黑 II 中您会选择哪一个，还是无差异？

埃尔斯伯格发现大多数人在问题 1 和问题 2 中回答无差异，在问题 3 中选择偏好红 II，在问题 4 中选择偏好黑 II。这恰好违背了萨维奇的主观期望效用理论，根据该理论，如果在问题 3 中选择偏好红 II，那么认为红 II 比红 I 更易发生，同时可得黑 I 比黑 II 更易发生，然而这与问题 4 中选择偏好黑 II 相矛盾，即黑 II 比黑 I 更易发生。因此，无法从选择中推断出概率，并对主观概率进行赋值。

例子 2：想象一下，一个瓮里有 30 个红色球与 60 个黑色球和黄色球，后者的比例未知。从瓮中随机抽取一个球，以下两种情境中您会如何选择。表 2-1 和表 2-2 分别为情境 1 和情境 2 下的两种行为选择方案。

**表 2-1**　　　　　　　　　　**情境 1 中两种行为选择方案**

| 变量 | 30 个 | 60 个 | |
| --- | --- | --- | --- |
| | 红球 | 黑球 | 黄球 |
| 行为 I | 100 美元 | 0 美元 | 0 美元 |
| 行为 II | 0 美元 | 100 美元 | 0 美元 |

在情境 1 中，行为 I 代表如果赌取出红球可以得到 100 美元，取出其他颜色的球得不到奖金；行为 II 代表如果赌取出黑球可以得到 100 美元，取出其他颜色的球得不到奖金。

**表 2-2**　　　　　　　　　　**情境 2 中两种行为选择方案**

| 变量 | 30 个 | 60 个 | |
| --- | --- | --- | --- |
| | 红球 | 黑球 | 黄球 |
| 行为 III | 100 美元 | 0 美元 | 100 美元 |
| 行为 IV | 0 美元 | 100 美元 | 100 美元 |

在情境 2 中，行为 III 代表如果赌取出红球和黄球可以得到 100 美元，如果取出黑球得不到奖金；行为 IV 代表如果赌取出黑球和黄球可以得到 100 美元，如果取出红球得不到奖金。

两种情境的区别仅在于情境 2 多了一个结果相等的状态——取出黄球可以得到 100 美元。那么根据确凿性原则人们对行为 I 和行为 II 之间的偏好关系应与对行为 III 和行为 IV 之间的偏好关系一致：如果在情境 1 中选择行为 I，那么在情境 2 中应对应选择行为 III；如果在情境 1 中选择行为 II，那么在情境 2 中应对应选择行为 IV。

　　然而，埃尔斯伯格发现大多数人在情境 1 中选择了行为 Ⅰ，在情境 2 中选择了行为 Ⅳ；少部分人在情境 1 中选择了行为 Ⅱ，在情境 2 中选择了行为 Ⅲ。两种选择均违背了确凿性原则，因此说明主观期望效用理论并不成立。在例子 2 中人们为何会如此行动？当允许人们重新思考他们的选择后，大部分人都理智地坚持最初的选择，说明这些选择并不是粗心大意或随机的。

　　上述结果表明模糊性是一个主观变量，但应该能够"客观地"识别一些可能呈现高度模糊性的情况，即注意到可用信息不足、信息明显不可靠或信息高度冲突的情况。因此，与人们之前所熟知的决策理论和众所周知的随机过程（如抛掷硬币）的影响相比，模糊性是一个十分重要的变量且有着广泛的应用领域。根据上述两个例子，埃尔斯伯格（1961）提出大多数人都不喜欢模糊性，换言之，他们更喜欢概率已知的彩票，而不是概率未知的类似彩票。

　　2. 模糊性的度量

　　模糊性态度在不同个性间存在很大的异质性，通常学者认为大多数人是模糊性厌恶的（Dimmock et al.，2016）。关于模糊性厌恶的研究大致可以划分为三个角度：一是埃尔斯伯格（1961）最早提出的，模糊性来自未知瓮的组合，此时模糊性厌恶可能源于一种悲观感，对可能的负面情境所附的权重过高；二是将模糊的彩票视为两阶段复合的彩票（Becker and Brownson，1964；Segal，1987），模糊性厌恶表现为与降低获奖概率相比个人更不喜欢复合的彩票；三是由凯恩斯最早提出，之后由福克斯和特沃斯基（Fox and Tversky，1995）进一步探讨的，将模糊性视为来自不同渠道的不确定性，模糊性厌恶指的是在相同结果的已知瓮和未知瓮中个人更偏好已知瓮。

　　模糊性更多是一种主观感受，为此如何精准度量该指标存在一定难度。拉里和马丁（Larry and Martin，2008）用思想实验直观解释模糊信息如何导致与标准期望效用模型不一致的行为，如图 2-2 所示。下面是两个装满黑白球的盒子，根据公平掷硬币的结果在盒子里放置一个球，如果投掷的硬币是正面向上，那么放在盒子里的球是黑色的，否则是白色的。抛硬币是独立的。除了新投掷的球外，盒子里还有 n 个球，其中 n/2 为黑球，n/2 为白球。在盒子 1 中，n 为 4；在盒子 2 中，n 为 2 或 6。由于没有确定的概率，盒子 2 是模糊性的。游戏参与者在投掷硬币前需要选择一个盒子并随机抽一个球，如果是黑色将赢得奖金。在投掷前两个盒子黑色球的概率没有差异，投掷后在盒子 1 中获胜的条件概率是 3/5，在盒子 2 中获胜的条件概率是 4/7 或 2/3。

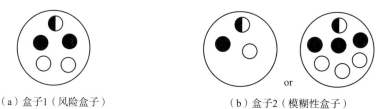

（a）盒子1（风险盒子）　　　　　　　　（b）盒子2（模糊性盒子）

**图2-2　风险盒子与模糊性盒子示意图**

科恩等（Cohen et al.，2011）利用实验对个人（包括学生和一般群体）的风险态度、模糊性态度和时间态度进行调查，发现这些态度在个体层面存在很大异质性。安等（Ahn et al.，2014）通过一个投资组合选择实验度量个人的模糊性厌恶和风险厌恶。迪莫克等（Dimmock et al.，2016a；Dimmock et al.，2016b）参考埃尔斯伯格（1961）对模糊性的度量方式并进行改进，同时也在拉里和马丁（2008）的思想实验上更进一步，利用调查问卷来收集并度量个人的模糊性态度，具体问题示例如图2-3所示。在调查问卷的问题设置中，要求参与者在不清楚球个数的盒子和明确不同颜色球个数的盒子中随机抽取一个球，并根据球的颜色决定最后获得的奖励金额。同时，为了更准确地度量参与者的模糊性态度，在正式收集过程中多次通过二分法对明确分布的盒子K内不同颜色球的分布进行调整，最终不断逼近最接近个人偏好的模糊性态度。也有学者通过某些指标来衡量模糊性程度。高金窑（2013）在度量奈特不确定性对非流动资产折价定价的影响时，用非流通股占总股本的比例来衡量不确定的程度，认为非流通股占比越高，奈特不确定性越高。

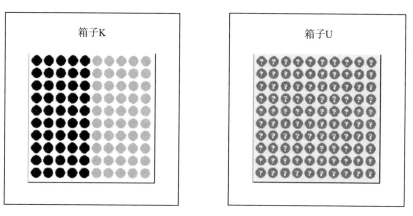

**图2-3　度量模糊性态度示意图**

3. 模糊性与风险

一些学者针对模糊性的存在提出了很多经典的理论，比如克利巴诺夫等（Klibanoff et al.，2005）提出的光滑模型（Smooth Model）、汉森和萨金特（Hansen and Sargent，2001）提出的稳健控制（Robust Control）和拉里等（Larry et al.，2013）提出的 G - 布朗运动（G-Brownian Motion）等。一些理论模型也试图将模糊性引入原有框架，从而实现对模糊性的刻画。有的研究在模型框架中同时引入模糊性态度函数和风险态度函数，以风险效用函数和模糊性态度指标相加的形式实现二者的分离（Maccheroni et al.，2001）。有的研究在模型中将模糊性厌恶和风险厌恶纳入框架并实现将二者分离（Hayashi and Miao，2011；Ju and Miao，2012），其中模糊性是风险态度的函数，函数的凹凸性决定了模糊性态度和风险态度。有的研究利用不确定概率的理论框架区分模糊性厌恶和风险厌恶，在存在模糊性的情况下，即当概率不确定时，模糊性厌恶为对概率均值保留展开（mean-preserving spreads）的厌恶（Izhakian，2017）。类似地，有研究进一步提出模糊性程度可以通过概率的波动性来衡量，类比风险程度可以通过结果的波动性来衡量（Izhakian，2020）。

由于模糊性厌恶的存在，金融市场的风险也无法被分散掉（Mukerji and Tallon，2001）。不少学者也尝试挖掘模糊性与风险之间的关联，尚未得到一致结论。科恩等（Cohen et al.，2011）通过实验对学生群体和普遍群体的风险态度与模糊性态度之间的关系进行检验，发现学生群体的风险态度与模糊性态度之间不存在相关性。有研究也发现模糊性和风险之间的相关性不强（Izhakian and Yermack，2017）。然而，陈强和许万紫（2021）认为汇率波动对投资的影响取决于直接的风险效应和间接的模糊影响，并发现当控制汇率模糊后汇率风险对中国 FDI 具有负效应，通过进一步尝试挖掘汇率风险和汇率模糊的关系，发现两者存在显著的正向交互效应，同时在汇率风险较大时，中国企业表现出较为明显的模糊偏好特征。迪莫克等（2016a；2016b）在度量模糊性时，为了与风险区分开，选取了增量度量方式——即分别将模糊性与风险进行对比、将风险与确定事件对比，结果发现模糊性厌恶和风险厌恶之间存在负相关关系。

## 2.1.3　模糊性与决策

自从模糊性概念提出后，学者们陆续从理论层面探究模糊性对行为决策的影响。有研究基于连续时间模型对模糊性、风险和资产回报进行探讨，分别对风险溢价和模糊性溢价进行资产的超额回报解释（Chen and Epstein，2002）。杰拉答托等（Ghirardato et al.，2004）将决策者的偏好分为明确的偏好与模糊的偏好，有助于分析不同决策情境中模糊性态度的影响。克利巴诺夫等（2005）在探究人在面临风险时是如何进行决策时，在模型中将模糊态度和决策者主观信念的特征进行分离，同时将风险厌恶的研究方式应用在模糊性厌恶中。还有研究构建了一个可以区别风险厌恶、模糊性厌恶和跨期替代的新广义递归光滑模糊模型，并用其解释资产定价领域的难题（Ju and Miao，2012）。

当面对信号质量未知，投资者将如何处理信息这一问题时，拉里和马丁（2008）认为投资者会将该信号视为模糊信号，他们不会按照标准贝叶斯方式更新信念，在处理信息时会表现出多种可能。当模糊性厌恶的投资者面对不确定质量的信息时，他们通常会按照最坏的情况评估信息。如果一个模糊的信号传达了好消息，最坏的情况是这个信号是不可靠的；如果一个模糊的信号传达了坏消息，最坏的情况是这个信号是非常可靠的，因此投资者对坏消息的反应要比对好消息的反应更为强烈。以"9·11"事件为例，恐怖袭击增加了人们对经济增长预期的不确定性，同时市场参与者难以评估新闻的准确性，模糊性厌恶的投资者不喜欢信息质量较差的资产。

有的研究聚焦模糊性厌恶与家庭投资组合之间的关系。迪莫克等（2016a）用模糊性厌恶解释五个家庭的投资组合之谜，依次是不参与股票市场、投资组合中股票的比例低、本土偏好、本公司股票持有比例高和投资组合多样化不足。研究通过兰德美国生命面板（RAND American Life Panel）对3 000多名受访者在线上进行关于模糊性风险厌恶程度的调查，模糊性风险厌恶程度的度量参考埃尔斯伯格的经典方法，要求受访者在概率已知的彩票（从一个100个比例已知的盒子中抽取一个球）和概率未知的彩票之间进行选择。研究对之前理论模型的预测进行检验，发现模糊性风险厌恶和股票市场参与、股票投资组合配置之间存在显著的负相关关系；模糊性风险厌恶与持外国股票比例负相关，与持自营公司股票比例正相关；个人越模糊性风险厌恶，投资组合中分配给个股的比例越高；研究进一步测试了股权所有者对2008～2009年金融危机的反应，发现个人越模糊性风险厌恶，在危机期间越能更积极地出售股票。此外，对于股票市场知识了解较少的个人，模糊性厌恶与家庭投资组合决策之间的关系更强，说明提高金融素养和股票市场能力的政策可以改善居民投资决策，部分原因是能够减少模糊性风险厌恶的影响。与一些实验室的实验不同，研究首次证明了模糊性风险厌恶与股票市场参与之间存在显著的关系，此外首次证明模糊性风险厌恶与应对金融危机的积极投资组合变化有关。

　　有学者探究模糊性厌恶与高管期权行权行为之间的关联（Izhakian and Yermack，2017），对高管的股票期权行使决策中风险和模糊性所起的作用进行实证检验。为了较好地度量不确定性，他们在期权定价模型中引入了模糊性的概念和更广泛的股票波动性测量方法，发现风险和模糊性均是高管股票期权行使决策的重要预测因素，风险波动性提高导致高管持有期权的时间更长，模糊性提高会增加高管提前行使期权的倾向。研究结果能够解释期权持有人在预期波动性较高时愿意保留剩余的期权价值，同时在预期模糊性较高时，持有者倾向于尽早行使期权。

　　一些研究聚焦模糊性对资产定价的影响。施展（2019）通过模型来论证在公司收益息差和杠杆股权溢价的背景下，模糊性的时间变化对均衡资产定价的影响。在一般均衡模型中，作者使用一个贴现率指标来代理模糊性厌恶，该指标同时对当前的模糊程度和与其未来波动相关的风险进行度量。结果发现，模糊性水平和波动性都有助于提高资产的溢价。研究校准后的模型可以匹配数据中的方差溢价、股权溢价和无风险利率，结果发现约97%的均值-方差溢价可以归因于模糊性厌恶（Miao et al.，2019）。

　　有的学者探究模糊性厌恶与基金业绩反应之间的联系（Li et al.，2016），为模糊性厌恶在共同基金投资者对基金业绩反应中的作用提供了新的证据。研究基于模糊性厌恶投资者决策的理论模型进行分析，模型的一个关键点是当投资者面对质量不确定的信息信号时会更重视最坏的信号。结果发现该预测得到了强有力的实证支持，投资者资金流对多角度最差的绩效指标敏感性最高。此外，与机构基金相比，零售基金的该效应尤其明显。

　　还有一些研究对保险领域的模糊性厌恶进行探究。有研究通过理论模型刻画模糊性厌恶对个人购买保险和自我保护行为的影响，结果发现模糊性厌恶的个人对自我保险和保险覆盖范围的需求会相对提高，对自我保护的需求却会降低。研究还对模糊性厌恶下的最优保险进行设计，并展示了直接免赔合同在预期效用模型中呈现最优的情况（Alary et al.，2013）。还有研究通过在埃塞俄比亚对1 139名佃农进行实地田野实验来探究个体的模糊性态度和风险态度对气候风险的指数保险（IBI）购买的影响，结果发现风险厌恶的个体会更多购买IBI，而模糊性厌恶个体会减少对IBI的购买（Belissa et al.，2020）。有的研究则从专业精算师的视角出发，探究模糊性对保险公司保险定价的影响（Laure and Cabantous，2007）。通过对78位法国精算师协会的专业精算师进行问卷调查发现，保险公司对不明确风险的保费要高于对明确风险的保费；此外，在存在模糊风险的情况下作出的保险决定不仅取决于概率的准确性，还取决于信息来源的一致程度（即共识）。

针对我国非流通股的高折价现象，高金窖（2013）根据奈特不确定性进行解释，通过理论模型得出奈特不确定性会显著提高非流动资产的折价率，发现随着不确定程度的提高，非流动资产的折价率随之上升，也就是非流动资产折算为流动资产的比例不断下降。内在原因是非流动资产的不确定性影响了投资者对资产收益的判断，因此无法有效通过资产组合在市场上进行风险对冲，这导致投资者更愿意以高折价率持有流动资产。同时，其他因素也会影响不确定性对非流动资产的折价程度，如流动性约束期限和资产波动率等。此外，研究发现通过降低信息不对称程度能够缓解奈特不确定性的影响。

针对学术界关于汇率波动如何影响外商直接投资所存在的分歧，陈强和许万紫（2021）尝试从奈特不确定的角度进行解释分析。研究基于奈特不确定环境下的实物期权投资模型将汇率不确定性分解成汇率风险（波动）和汇率模糊两部分，并对汇率风险对跨国企业投资决策的影响和汇率模糊的作用进行探究，发现汇率模糊对投资的边际作用方向取决于企业的模糊性态度——当面对汇率模糊时，模糊性偏好的企业会增加投资，模糊性厌恶的企业会减少投资，模糊性中性的企业投资额不变。

此外，一些研究基于心理学角度对模糊性进行讨论。有研究提出模糊性厌恶涉及一些微妙的心理原因，柯利、耶茨和艾布拉姆斯（Curely，Yates and Abrams）发现，对他人负面评价的恐惧会加深模糊性厌恶，当控制对他人负面评价的恐惧后模糊性厌恶会随之消失（2008）。有研究进一步从神经特征的角度对风险和模糊性的经济偏好进行探究，这些学者通过功能磁共振成像证明了个体对风险（已知概率的不确定性）和模糊性（未知概率的不确定性）的偏好能够预测大脑的决策（Huettel et al.，2006）。

## 2.2　教育与决策

### 2.2.1　金融素养

什么是金融素养？曼德尔（Mandell，2008）将其定义为"人们作出符合自己最好的短期和长期利益的金融决策的能力"。雷蒙德（Remund，2010）将其定义为"衡量一个人对关键财务概念的理解程度，并拥有能力和信心，通过适当的短期决策和健全的、长期的财务规划，注意各项生活事件和不断变化的经济状况"。

然而，现实中大部分人的金融素养是十分匮乏的（Lusardi and Mitchell，2007；Christelis et al.，2010；尹志超等，2014），许多消费者缺乏相应的金融知识，无法作出理性的金融决策，比如固定缴款储蓄计划中不理智的分散化策略（Benartzi and Thaler，2001）、低收入家庭不使用食品券（Daponte et al.，1999）、个人退休计划制订不充分（Lusardi and Mitchell，2007）、家庭负债（吴卫星等，2018）或投资失误（Calvet et al.，2009）等，导致个人和总体福利的削弱（Lusardi and Mitchell，2007）。

反之，金融素养较好的家庭倾向于作出合理的金融决策，比如参与股票市场（吴卫星等，2006；Christelis et al.，2010；尹志超等，2014；胡振和臧日宏，2016）、管理好家庭现金流（Hilgert et al.，2003）、分散家庭投资组合风险（Campbell，2006；Calvet et al.，2007；Korniotis and Kumar，2013；Gaudecker，2015；曾志耕等，2015）、基金投资（江静琳等，2019）、投资复杂的金融产品（Lusardi and Mitchell，2007），甚至是寻找低息贷款利率（Utkus and Young，2011），从而财富积累也越多（Behrman and Mitchell，2012），使福利提高（肖经建，2011），有助于家庭收入阶级的提升（王正位等，2016；邓颖惠等，2018）。

## 2.2.2　金融教育与决策

信息的匮乏往往使人们的决策不够理智，简单地提供信息也并不能确保消费者会有效使用这些信息。杰弗里等（Jeffrey et al.，2012）将比较信息的可用性和消费者对信息的使用之间的差距称为比较摩擦（comparative friction）。教育的本质是提供信息，更新人们的认知。为了改善消费者的决策，政府、雇主和金融机构已经推广了各种形式的金融教育。通过提供信息和展示金融教育等方式能否有效改善居民的各项决策？学者们也纷纷对此展开研究，关于金融教育的效果也众说纷纭。

有些学者研究信息提供与个人养老计划行为之间的关联。白崇恩等（Bai et al.，2021）在广东省进行了一项大规模的田野实验，他们通过向参与者发放手册的形式提供信息，同时比较告知个人政府养老金计划和未告知相关信息对居民养老金登记决策和家庭消费产生的影响。结果发现，实验组中在接受养老金信息教育后，45～55 岁年龄段人群的养老金登记决策改变最显著，更多的人选择登记养老金。此外，在获得个性化福利信息的这部分家庭中，家庭消费也显著高于对照组人群的家庭消费。研究证实了在设计信息材料过程中结合具体信息和个性化信息是有效的。贾尔斯等（Giles et al.，2021）通过采用随机信息干预的方法探究中国农民工对社会保险的登记过程和成本效益的理解不足是否会导致其参与城市医疗保险和养老金项目的概率相对较低。结果发现，信息干预对参与医疗保险的影响主要集中在没有合同的工人中；信息干预对参与养老金计划的影响主要集中在较年轻的群体中。还有研究通过一个随机化实验来探究信息对居民是否参与某税收递延账户（TDA）退休计划产生的影响，发现收到邀请函的实验组人群在博览会中的出席率更高，是对照组的五倍，有趣的是发现实验组对其部门内同事产生了溢出性社会效应。同时，在博览会结束后的 5 个月和 11 个月里，实验组的成员比对照组更易参与到该计划中（Duflo and Saez，2003）。

有些研究聚焦减小比较摩擦对个人行为的影响。杰弗里等（2012）通过田野实验对减少美国医疗保险处方药市场上比较摩擦的效果进行评估。研究通过向实验组的老年人提供个性化成本信息的材料（比如个人服用药物的支付成本的差异等）来减少比较摩擦，发现信息的提供显著提高了实验组群体的项目参与率，研究结果表明，即使获取信息的成本很小，比较摩擦也可能很大，而且能够影响消费者的决策过程。

一些研究聚焦金融教育对居民金融行为的影响。美国的年轻人严重依赖债务，对金融知识的认识明显不足，布朗等（Brown et al.，2016）研究个体在成年早期接受金融培训对债务结果的影响，研究对象是一大批具有代表性的美国青年。具体基于各州高中课程金融教育改革颁布时间的差异，用事件研究法进行识别，发现数学和金融教育都减少了对非学生债务的依赖，并改善了还款行为。有研究通过家庭调查来探究雇主提供的金融教育对个人储蓄（同时包括一般目的和退休目的）的影响，证实了在工作场所进行金融教育与合理的家庭储蓄措施之间的关联，发现在提供金融教育后，退休后包括股票和现金流等储蓄积累会增多，同时受访者及其配偶更容易参与由员工主导的养老金计划（Bernheim and Garrett，2003）。卡佩纳等（Carpena et al.，2017）在印度进行了大规模的田野实验来研究态度、行为和认知方面的限制与财务教育和财务结果之间的联系。该研究补充了财务教育的相关研究，发现财务素养测试中的财务激励能够影响参与者的动机，同时财务激励对学习没有影响，但目标设置和咨询对实际财务结果有显著影响。

心理学家同样对影响人们决策的因素进行探究，赫特维希等（Hertwig et al.，2004）提出在缺少风险描述的背景下，个人更多依靠自身经历作出决定，那么基于经验的决定和基于描述的决定是否会导致不同的选择行为？他们通过实验的方式进行探究，随机将 100 名被试者分到描述性决策组和经验决策组，在这两组中，个人面临的问题相同，唯一的不同是在描述性决策组中，研究人员会告知被试者每个问题选项结果的概率，然而在经验决策组中，被试者只能看到两个选项，并不清楚两个选项的结果概率。研究发现描述性决策组和经验决策组中个人的行为差异很大：在描述性决策组中，人们进行决策时会高估罕见事件发生的概率，与前景理论相吻合；在经验决策组中，人们进行决策时会低估罕见事件发生的概率。

然而，也有不少学者对金融教育的效果产生质疑。费尔南德斯等（Fernandes et al.，2014）提出金融教育项目往往不能实质性地改善财务决策，因为这些项目大多数都专注于提高消费者的客观知识水平。他们对 168 篇论文中的金融素养和金融教育与金融行为的关系展开元分析（Meta-Analysis），发现提高金融素养的干预措施只能解释所研究的金融行为的差异，同时在低收入样本中影响较弱。此外，和其他教育一样，金融教育也会随着时间的推移而减弱；即使是高强度的干预，在干预开始 20 个月或更长时间后，对居民行为的影响也可以忽略不计。与此同时，卡林等（Carlin et al.，2012）发现金融知识确实可以通过教育的方式传授，但是有很大的局限性，其发现经过训练的学生采纳了课程所强调的决策方法，但往往很难将这些潜在的原则类推到新的环境中。此外，教育可能会产生意想不到的后果，接受培训的学生甚至作出了一些在某种意义上与他们所接受的教育相反的选择。作者进一步对比及时的决策支持和金融教育的影响，发现二者共同起作用，呈现补充关系而不是替代关系，因此应该有效结合教育与决策支持，从而帮助人们进行决策。

有的学者进一步探究主观知识对消费者金融决策的影响（Hadar et al.，2013），通过实验来操纵参与者的主观知识水平，同时保持或控制他们的客观知识水平不变，发现当主观知识相对高于之前的投资选择时，个人追求风险投资的意愿会增加；通过向消费者询问一个关于财务的简单的问题，可以提高其参加退休储蓄计划的意愿，从而强化主观知识；当缺失信息突出时，消费者对基金的投资会减少。此外，有效的金融教育不仅要注重传授相关信息和提高客观知识水平，还要注重提高主观知识水平。

# 第3章 田野实验设计

## 3.1 实 验 概 况

### 3.1.1 实 验 场 景

本书田野实验的载体是国内某头部线上众筹平台，笔者通过前期市场调研得知该平台是国内面向个人保险的线上主流市场，获客模式主要是基于从"筹款"到"保险"的转化，具体是通过筹款场景形成流量池，之后再转化为保险用户。该平台依托微信朋友圈，用户可看到好友转发的筹款求助链接，并可点入链接进行捐款和转发，并且在筹款页面也有通往保险部分的链接，具体的实验场景如图3－1所示。因此，该众筹平台为本书提供了影响个人保险购买决策的天然实验场景，同时受试者也感受不到自己处于实验环境中。

**图 3－1 实验场景示例**

具体来看，该线上平台从筹款页面跳转到保险页面一共有三个渠道，分别是当前筹款页面［见图3－2（a）］、捐赠成功页面［见图3－2（b）］和转发成功页面［见图3－2（c）］。当用户点击"点此完善"按钮后，会自动跳转到保险商城页面，用户将看到平台推荐购买的大病保险，则该行为被视为点开查看保险链接。在实验过程中用户完全可自行决定是否点击保险链接以及是否购买保险。需要说明的是，通过该途径购买的大病商业保险对于不同用户都是同质化的，并不存在价格差异。

（a）筹款界面　　　　　（b）捐赠成功界面　　　　（c）转发成功界面

**图 3 - 2　"筹款"转"保险"的三个渠道**

为了实现随机对用户进行认知教育，本书在筹款页面的上方嵌入一个调研问卷链接，如图 3 - 3（a）"诚邀您填写调研问卷：我们希望听见您的声音"所示。如果用户点击则会自动跳出一个调查问卷，如图 3 - 3（b）所示（某公司风险意识调研），其中问卷内容根据用户 ID 进行随机分配，从而保证实验设计中各实验组和对照组分配的随机性。全部问卷内容主要包括三大部分：大病认知教育、模糊性和风险厌恶测试以及其他个人基本信息，每组随机选取部分问题对个体信息进行收集。

## 3.1.2　实验流程

本实验包括实验前期、正式实验阶段和实验后期三个阶段。

实验前期为 2021 年 10 月 8 日前，收集了用户在平台上的历史行为信息，如累计捐款次数和捐款金额等。

（a）问卷位置 　　　　　　　　　　（b）问卷封面

**图 3 - 3　问卷位置和问卷封面展示**

正式实验阶段的时间是 2021 年 10 月 8 日至 2021 年 10 月 22 日。实验期间随机将用户分到实验组和对照组，对实验组的用户进行大病认知教育，并收集模糊性等不确定态度以及包括人口统计学信息在内的基本信息，将大病认知教育细分成两组，一部分用户是在作答后直接展示答案，即强制教育组，另一部分用户是在作答后选择是否查看答案，即自行教育组。对于分配到对照组的用户，本书只收集模糊性等不确定态度和包括人口统计学信息在内的基本信息。

实验后期持续跟踪用户在填写问卷一周内的保险点击和购买行为（一周指用户在首次完整完成问卷后的一周内）。

# 3.2　实 验 设 计

## 3.2.1　模糊性厌恶度量方法

本书度量模糊性厌恶的方式借鉴了经典的埃尔斯伯格（1961）和迪莫克

等（2016a）的度量方法，通过用户在不同情境下作出的选择刻画个人的模糊性厌恶程度。在之前的文献中多基于收益情境对模糊性态度进行检验，本书同时对个人在收益情境和损失情境中度量的模糊性态度进行检验，并对比两者之间的区别。

1. 模糊性厌恶测试（收益情境）

为了准确度量个人面对收益情境的模糊性厌恶程度，本书让居民在一个非模糊性的箱子和模糊性的箱子中进行选择。为了能够高效且准确地测出个人模糊性态度，问题设置采用二分法，根据用户的回答调整下一轮测试的问题。所有问题的背景都是让受试者在有 100 个深灰色球和浅灰色球的两个箱子中进行选择，箱子 A 中深灰色球和浅灰色球各自的个数已知，而箱子 B 中深灰色球的个数未知，最少为 0 个，最多为 100 个。在每一轮中，从受试者选择的箱子里随机抽取一个球，如果抽到的是深灰色球，将得到 10 元奖励，否则得不到奖励。

比如在图 3 - 4 的第一个问题中，箱子 A 中的深灰色球和浅灰色球各为 50 个，箱子 B 中深灰色球的个数未知，如果用户选择无差异，则说明个体认为此刻箱子 A 和箱子 B 对个人具有同等吸引力，用户对箱子 B 的主观概率为 50%，因此表现为模糊性中性；如果用户选择了箱子 A，则说明该个体在已知概率的事件和未知概率的事件中更偏好已知的概率，用户对箱子 B 的主观概率小于 50%，因此表现为模糊性厌恶；如果用户选择了箱子 B，则说明该个体在已知概率的事件和未知概率的事件中更偏好未知的概率，用户对箱子 B 的主观概率大于 50%，表现为模糊性偏好。

本书参考拜昂等（Baillon et al.，2012）和迪莫克等（2016a；2016b）的设计，用户回答问题的内容和顺序根据自身对每个问题的选择进行调整，直到个人回答无差异或答满四轮为止。比如，如果用户在图 3 - 4 的问题 1 中选择了箱子 A，那么本书将箱子 A 在第二轮比赛中获胜的已知概率降低到 25%（如附录表 A - 1 所示）；相反地，如果用户在图 3 - 4 的问题 1 中选择了箱子 B，那么本书将箱子 A 在第二轮比赛中获胜的已知概率提高到 75%（如附录表 A - 1 所示）。上述过程重复不超过四轮，直到达到无差异点或与被调查者的无差异点非常接近为止，并将被调查者回复无差异时箱子 A 的已知获胜概率称为匹配概率（Wakker，2010；Dimmock et al.，2016a），比如 32% 的匹配概率意味着被调查者从已知的箱子 A 中抽取一个获胜概率为 32% 的深灰色球与从箱子 B 中抽取一个深灰色球之间没有差异。

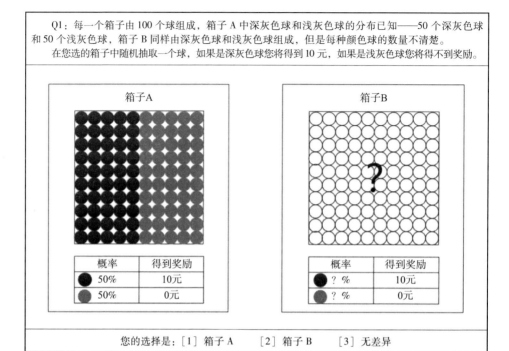

Q1：每一个箱子由 100 个球组成，箱子 A 中深灰色球和浅灰色球的分布已知——50 个深灰色球和 50 个浅灰色球，箱子 B 同样由深灰色球和浅灰色球组成，但是每种颜色球的数量不清楚。
　　在您选的箱子中随机抽取一个球，如果是深灰色球您将得到 10 元，如果是浅灰色球您将得不到奖励。

**图 3-4　模糊性厌恶测试（收益情境）的问题示例**

　　这种度量方式的优点是匹配概率衡量的是相对于风险厌恶的模糊性厌恶，因为对模糊选择的替代选择是一个有风险的选择，而不是一个特定的结果，因此，理论上匹配概率 q 捕获了相对于风险模糊性的不同偏好。在此设定下，当匹配概率小于 50% 时，用户表现为模糊性厌恶；当匹配概率大于 50% 时，用户表现为模糊性偏好。为此，本书用（50% - q）来代表模糊性厌恶变量，模糊性厌恶变量若为正，则代表用户是模糊性厌恶的，模糊性厌恶变量若为负，则代表用户是模糊性偏好的。

　　在模糊性测试问题模块的最后，通过两个检验问题来测试用户回答的一致性。在每个受试者完成模糊性问题后，根据得到的匹配概率 q，在第一个检验问题中将箱子 A 获胜的概率设置为（q + 10%），在第二个检验问题中将箱子 A 获胜的概率设置为（q - 10%），箱子 B 中不同颜色球的分布仍然是未知的。如果用户在第一个检验问题中选择箱子 B 或是在第二个检验问题中选择箱子 A，则未通过一致性检验。

　　2. 模糊性厌恶测试（损失情境）

　　在损失情境下模糊性的度量方式与收益情境的模糊性度量方式类似，唯一的不同是该指标是在用户可能损失金钱的情境下刻画的。在问题设置中，本书仍然是让用户在两个箱子中进行选择，其中箱子 A 是确定概率分布的事件，箱子 B 不清楚事件的分布情况，深灰色球的个数未知，可能最少为 0 个，最多为 100 个。此刻模糊性厌恶测试（损失情境）第一个问题的设置方式如图 3-5 所示。

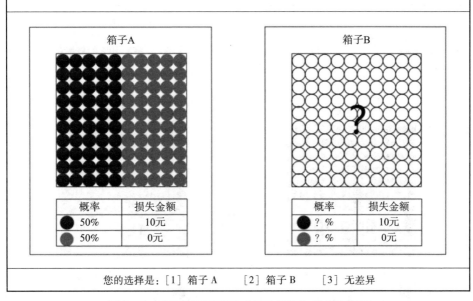

Q1：每一个箱子由深灰色和浅灰色的 100 个球组成，箱子 A 中深灰色球和浅灰色球的分布已知——50 个深灰色球和 50 个浅灰色球，箱子 B 同样由深灰色球和浅灰色球组成，但是每种颜色球的数量不清楚。

在您选的箱子中随机抽取一个球，如果是深灰色球，您将损失 10 元；如果是浅灰色球，您将不会损失。

您的选择是：[1] 箱子 A　　　[2] 箱子 B　　　[3] 无差异

**图 3-5　模糊性厌恶测试（损失情境）的问题示例**

　　与 3.2.1 节中收益情境的模糊性度量方式类似，如果用户选择无差异，则说明个体对箱子 B 的主观概率为 50%，因此表现为模糊性中性；如果用户选择了箱子 A，则说明个体对箱子 B 的主观概率大于 50%，因此表现为模糊性厌恶；如果用户选择了箱子 B，则说明个体对箱子 B 的主观概率小于 50%，因此表现为模糊性偏好。上述过程重复最多四轮，直到达到无差异点或与被调查者的无差异点非常接近为止，此时匹配概率为回复无差异时箱子 A 的已知损失概率。此时的匹配概率衡量的是相对于损失情境下风险厌恶的模糊性厌恶态度。同样在最后设置两个检验问题，分别将箱子 A 损失的概率设置为（q +

10%）和（q－10%），箱子 B 中不同颜色球的分布仍然是未知的，从而度量回答的一致性。

### 3.2.2 风险厌恶度量方法

1. 风险厌恶测试（收益情境）

图 3－6 为收益情境下风险厌恶测试的第一轮问题，本书让用户在一个确定性的事件和清楚概率分布的事件中进行选择，同样利用二分法对用户的风险态度进行测试，最多不超过四轮。详细设计见附录表 A－3。

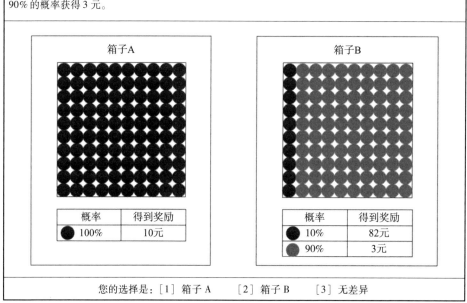

图 3－6　风险厌恶测试（收益情境）的问题示例

2. 风险厌恶测试（损失情境）

图 3－7 为损失情境下风险厌恶测试的首轮问题，本书让用户在一个确定性的事件和清楚概率分布的事件中进行选择，同样根据二分法设置最多不超过四轮的问题，详细设计见附录表 A－4。

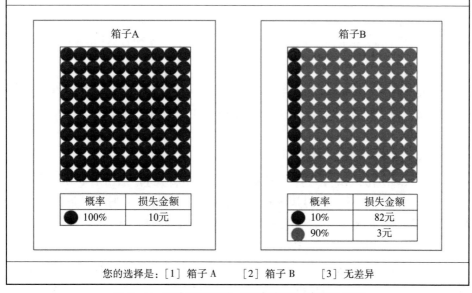

Q1：每一个箱子由深灰色或浅灰色的 100 个球组成。箱子 A 中 100 个球均为深灰色球，箱子 B 由 10 个深灰色球和 90 个浅灰色球组成。

如果您选择箱子 A，您将损失 10 元；如果您选择箱子 B，您将有 10% 的概率损失 82 元，90% 的概率损失 3 元。

箱子A

箱子B

| 概率 | 损失金额 |
| --- | --- |
| ● 100% | 10元 |

| 概率 | 损失金额 |
| --- | --- |
| ● 10% | 82元 |
| ● 90% | 3元 |

您的选择是：〔1〕箱子 A　　〔2〕箱子 B　　〔3〕无差异

**图 3 - 7　风险厌恶测试（损失情境）的问题示例**

### 3.2.3　认知教育设计

本实验通过两种方式呈现大病认知教育，第一种方式是在对中国新发癌症和中国癌症死亡进行猜测后直接展示答案，本书将其定义为强制教育组，问卷度量方式见附录 B；第二种方式是用户在进行两个大病认知测试后可自由决定是否查看答案，本书将其定义为自行教育组，问卷度量方式见附录 C。通过两种不同的设置方式，本书尝试探究居民学习的主动性是否会对教育效果产生影响。

1. 大病认知教育（强制教育组）

在直接展示答案的强制教育时，关于大病发生和大病死亡的相关认知教育问题设置如下。一方面本书能够捕捉个人对大病信息的初始信念，同时也实现了对居民的认知教育。

（1）请您猜测 2020 年中国新发癌症有多少例。

〔1〕$x \leqslant 100$ 万例

〔2〕$100$ 万例 $< x \leqslant 1\ 000$ 万例

［3］$x > 1\ 000$ 万例

［4］不清楚

（2）请您猜测 2020 年中国癌症死亡人数有多少。

［1］$x \leqslant 100$ 万例

［2］$100$ 万例 $< x \leqslant 1\ 000$ 万例

［3］$x > 1\ 000$ 万例

［4］不清楚

在大病认知教育模块作答后展示：【第一题：正确选项［2］，2020 年全球新发癌症病例 1 929 万例，其中中国新发癌症 457 万例，占全球 23.7%，位居全球第一。第二题：正确选项［2］，2020 年中国癌症死亡人数 300 万例，占全球 30%，位居全球第一】。

在模块最后附链接【查看更多关于癌症的小科普】，点击后展示：【新发病例数位列前十的癌症分别是肺癌、结直肠癌、胃癌、乳腺癌、肝癌、食管癌、甲状腺癌、胰腺癌、前列腺癌和宫颈癌】，否则直接跳转到下一模块。

2. 大病认知教育（自行教育组）

在个人可选择是否查看答案的自行教育组中，大病认知教育问题设置如下，其中自行教育组与强制教育组唯一的区别在于在自行教育组中个人在对关于大病发生和大病死亡初始认知进行测试后，个人有权自主选择是否接受大病相关知识，进而更新对相关问题的认知。

（1）请您猜测 2020 年中国新发癌症有多少例。

［1］$x \leqslant 100$ 万例

［2］$100$ 万例 $< x \leqslant 1\ 000$ 万例

［3］$x > 1\ 000$ 万例

［4］不清楚

（2）请您猜测 2020 年中国癌症死亡人数有多少。

［1］$x \leqslant 100$ 万例

［2］$100$ 万例 $< x \leqslant 1\ 000$ 万例

［3］$x > 1\ 000$ 万例

［4］不清楚

在回答两个问题后显示：【查看答案】或【跳过】。

个人如果点击【查看答案】，则显示：【第一题：正确选项［2］，2020 年全球新发癌症病例 1 929 万例，其中中国新发癌症 457 万例，占全球 23.7%，位居全球第一。第二题：正确选项［2］，2020 年中国癌症死亡人数 300 万例，占全球30%，位居全球第一】；个人如果点击【跳过】，则直接跳到模块最后的链接【查看更多关于癌症的小科普】。

如果个人点击【查看更多关于癌症的小科普】，则展示：【新发病例数位列前十的癌症分别是肺癌、结直肠癌、胃癌、乳腺癌、肝癌、食管癌、甲状腺癌、胰腺癌、前列腺癌和宫颈癌】，否则直接跳转到下一模块。

### 3.2.4　其他控制变量

为了更精准全面地刻画用户特征，本实验需要收集用户的重要人口统计学信息，包括性别、年龄、教育程度、健康状况、家庭月收入、是否有社保、是否曾购买过商业保险以及购买时间和信任程度等。

### 3.2.5　实验组和对照组设计方式说明

为了精确评估个人在收益与损失情境下的模糊性态度和风险态度，本书采用随机分配的方式，除对照组1外，对所有个体进行收益或损失情境下的模糊性态度与风险态度的测量。在对照组1中，本书同时测量个体在收益情境下的模糊性态度、损失情境下的模糊性态度、收益情境下的风险态度和损失情境下的风险态度。此外，对于被随机分配到实验组的个体，本书将分为强制教育组（实验组1至实验组4）和自行教育组（实验组5至实验组8）进行研究。

1. 实验组设计方案

各实验组的设计方案如下。

实验组1：点入问卷链接，以直接展示答案的方式接受大病认知教育，进行收益情境的模糊性厌恶测试和收益情境的风险厌恶程度测试，回答基本人口统计学特征问题。

实验组2：点入问卷链接，以直接展示答案的方式接受大病认知教育，进行收益情境的模糊性厌恶测试和损失情境的风险厌恶程度测试，回答基本人口统计学特征问题。

实验组3：点入问卷链接，以直接展示答案的方式接受大病认知教育，进行损失情境的模糊性厌恶测试和收益情境的风险厌恶程度测试，回答基本人口统计学特征问题。

实验组4：点入问卷链接，以直接展示答案的方式接受大病认知教育，进行损失情境的模糊性厌恶测试和损失情境的风险厌恶程度测试，回答基本人口统计学特征问题。

实验组5：点入问卷链接，以可选择是否查看答案的方式接受大病认知教育，进行收益情境的模糊性厌恶测试和收益情境的风险厌恶程度测试，回答基本人口统计学特征问题。

实验组6：点入问卷链接，以可选择是否查看答案的方式接受大病认知教育，进行收益情境的模糊性厌恶测试和损失情境的风险厌恶程度测试，回答基本人口统计学特征问题。

实验组7：点入问卷链接，以可选择是否查看答案的方式接受大病认知教育，进行损失情境的模糊性厌恶测试和损失情境的风险厌恶程度测试，回答基本人口统计学特征问题。

实验组8：点入问卷链接，以可选择是否查看答案的方式接受大病认知教育，进行损失情境的模糊性厌恶测试和收益情境的风险厌恶程度测试，回答基本人口统计学特征问题。

2. 对照组设计方案

各对照组的设计方案如下，问卷度量方式详见附录D。

对照组1：点入问卷链接，进行收益情境的模糊性厌恶测试、损失情境的模糊性厌恶测试、收益情境的风险厌恶程度测试和损失情境的风险厌恶程度测试，回答基本人口统计学特征问题。

对照组2：点入问卷链接，进行收益情境的模糊性厌恶测试和收益情境的风险厌恶程度测试，回答基本人口统计学特征问题。

对照组3：点入问卷链接，进行收益情境的模糊性厌恶测试和损失情境的风险厌恶程度测试，回答基本人口统计学特征问题。

对照组4：点入问卷链接，进行损失情境的模糊性厌恶测试和损失情境的风险厌恶程度测试，回答基本人口统计学特征问题。

对照组5：点入问卷链接，进行损失情境的模糊性厌恶测试和收益情境的风险厌恶程度测试，回答基本人口统计学特征问题。

# 3.3 问卷回收情况

本实验共计回收有效问卷3 817份，受试人群覆盖全国90%以上的地级市。通过随机将用户分配到不同的组后，各对照组和实验组的设计方式（直接展示答案或可选择是否查看答案)、模糊性态度度量（收益情境和损失情境)、风险态度度量（收益情境和损失情境）及具体回收份数如表 3-1 所示。

表 3-1　　　　　　　　　　实验组和对照组的问卷回收情况

| 分组情况 | 样本量 | 强制教育组 | 自行教育组 | 模糊性_收益 | 模糊性_损失 | 风险_收益 | 风险_损失 |
|---|---|---|---|---|---|---|---|
| 实验组 1 | 598 | √ | | √ | | √ | |
| 实验组 2 | 394 | √ | | √ | | | √ |
| 实验组 3 | 355 | √ | | | √ | | √ |
| 实验组 4 | 225 | √ | | | √ | √ | |
| 实验组 5 | 593 | | √ | √ | | √ | |
| 实验组 6 | 210 | | √ | √ | | | √ |
| 实验组 7 | 231 | | √ | | √ | | √ |
| 实验组 8 | 208 | | √ | | √ | √ | |
| 对照组 1 | 255 | | | √ | √ | √ | √ |
| 对照组 2 | 259 | | | √ | | √ | |
| 对照组 3 | 247 | | | √ | | | √ |
| 对照组 4 | 85 | | | | √ | | √ |
| 对照组 5 | 157 | | | | √ | √ | |

　　实验组共计回收样本为 2 814 份，实验组 1 至实验组 4 的强制教育组回收样本为 1 572 份，实验组 5 至实验组 8 的强制教育组回收样本为 1 242 份；对照组共计回收样本 1 003 份。

# 第4章 金融决策的内驱动：模糊性厌恶是金融决策的驱动因素吗

## 4.1 本 章 引 论

在生活中，模糊性是普遍存在的，除了特定设置的有规则游戏外，决策者通常不知道各种潜在结果的明确概率分布。现代决策理论的一个基本问题是在模糊性的情况下如何制定决策，在模糊性情境下人们并不知晓潜在结果的概率分布。奈特（1921）率先尝试解决上述问题，明确将不可度量的不确定和可度量的风险进行区分，之后埃尔斯伯格（1961）进一步指出模糊性与风险的区别，并利用经典的埃尔斯伯格悖论对个人模糊性态度进行刻画，同时通过调查发现大部分人是厌恶模糊性的，换言之，比起不清楚概率分布的事件，人们更喜欢明确概率分布的事件，这一结论也得到后续学者的证实（Bossaerts et al.，2010；Ahn et al.，2014）。随着学者对模糊性的深入研究以及信息经济学的发展壮大，越来越多关于模糊性与决策理论的理论文章（Ghirardato et al.，2004；Klibanoff et al.，2005；Larry and Martin，2008）和实证文章（Dimmock et al.，2016a；Dimmock et al.，2016b；Li et al.，2016；高金窑，2013；陈强和许万紫，2021）不断出现，研究涵盖的金融决策包括家庭投资组合等。

探究金融决策的内在驱动因素一直是学者十分关注的话题，此前，学者多基于风险态度的视角探究面对不确定情境时不同态度对股票投资（Guiso and Paiella，2007；Guiso et al.，2007；李涛和郭杰，2009）、保险参与（Friedman，1974；Outreville，2014；Outreville，2015）、家庭创业（张云亮等，2020）、资产配置（Blake，1996；段军山和崔蒙雪，2016）和家庭财富积累（张琳琬和吴卫星，2016）等决策的影响。鉴于理论层面模糊性与风险的分离，一方面，学者对模糊性态度和风险态度的区别与联系进行讨论，尚未得到一致的结论，部分学者认为模糊性厌恶和风险厌恶之间是负相关的（Dimmock et al.，2016b），然而有学者认为模糊性厌恶和风险厌恶之间是显著正相关的（陈强和许万紫，2021）。另一方面，学者们也陆续基于模糊性视角研究模糊性态度对金融决策的影响，比如居民不参与股票市场、投资组合中股票的比例低、偏好本土企业、偏好自营公司股票和投资组合多样化不足（Dimmock et al.，2016a）等。

之前的文献多基于收益情境的问题对用户的模糊性态度进行度量（Larry and Martin，2008；Dimmock et al.，2016a；Dimmock et al.，2016b），比如让用户在不同的可能获得奖金的情境中进行选择。但是实际生活中人们也会面临很多损失情境的模糊性，人们在损失情境的模糊性态度和收益情境的模糊性态度中是否存在差异？虽然科恩等（Cohen et al.，1985；Cohen et al.，1987）尝试对此进行探究，并发现人们在损失情境的模糊性厌恶程度要小于收益情境的模糊性厌恶，但是鉴于样本为 134 个学生，样本数量较少，且样本人群为特定人群，结论是否具有普遍性仍需进一步验证，本章将对此进行深入探究。

在金融决策过程中，模糊性态度和风险态度究竟是谁起着主导作用？换言之，当同时引入模糊性态度和风险态度后，两者对金融决策的解释力度如何？模糊性态度的引入是否会削弱风险态度对个人金融决策的影响？之前的文献虽然对模糊性态度和风险态度的关系进行了探究（Dimmock et al.，2016b；陈强和许万紫，2023），或是在实证检验模糊性态度对金融决策的影响时将风险态度作为控制变量（Dimmock et al.，2016a；Dimmock et al.，2016b），也有文献对比讨论两种态度对金融决策的影响力度，但是尚未发现对中国大病保险参与行为的相关检验。

这是一个值得研究的话题，有助于进一步了解影响决策行为的内在本质因素。尤其对于保险市场来说，信息不对称的存在一直是影响保险定价的重要因素，如果发现哪个因素是保险市场参与的重要驱动因素，保险市场将更容易挖掘目标人群，将会提高保险市场的运行效率从而产生巨大的社会效益。此前有研究从理论模型角度出发，阐述模糊性厌恶提高了对自我保险和保险范围的需求（Alary et al.，2013），但是相应的实证检验仍比较匮乏。

为了清晰对比模糊性态度和风险态度对居民保险市场参与决策的影响，避免额外信息（实验组的认知教育部分）的干扰，本书选取第 3 章对照组的 1 003 个人为研究样本，根据度量出的收益情境和风险情境的模糊性态度和风险态度信息，结合用户的大病保险点击与最终购买行为进行研究。本书参考伯恩斯坦等（Bernstein et al.，2017）在线上实验中有关金融决策变量的衡量，选取保险点击和保险购买来衡量个人的保险市场参与意愿，保险点击行为能够有效反映保险产品是否吸引了用户的注意力从而影响用户最终的金融决策，而保险购买行为则直接有效反映了用户的金融决策。

本章首先比较收益情境和损失情境的模糊性厌恶和风险厌恶情况，发现收益情境下人群平均是模糊性厌恶的，然而在损失情境下人群平均是模糊性偏好的，类似地，人们在收益情境下平均表现为风险厌恶，在损失情境下平均表现为风险偏好，与前景理论中的反射效应相吻合。进一步，依次展示了收益情境和损失情境下的模糊性态度、风险态度和两种态度对保险市场决策的影响，同时考虑了各种潜在的影响因素，证实了是模糊性态度而不是风险态度决定了个人的保险市场参与决策。最后，本书进行异质性分析，发现模糊性态度对金融决策的影响主要集中在信任程度高和购买能力强的人中。

本章余下部分的组织方式如下：4.2 节为研究假设；4.3 节为研究样本的说明与统计，包括变量介绍、用户人口统计学特征和模糊性厌恶的描述性统计等；4.4 节为实证检验，依次对模糊性厌恶与风险厌恶（分别在收益情境和损失情境下度量）对保险点击和保险购买行为进行检验，同时进行信任程度和购买能力层面的异质性分析；4.5 节是本章小结。

## 4.2　研究假设和实证设计

本章的核心研究问题是：模糊性态度和风险态度哪个因素决定了个体的金融决策？具体以商业保险市场参与行为为例进行深入探究。理论上，模糊性态度和风险态度包括的信息不同（Ellsberg，1961），其中模糊性态度是将不清楚概率分布的事件与明确概率分布的事件进行对比，而风险态度是将明确概率分布的事件与确定性的事件进行对比（Dimmock et al.，2016a；Dimmock et al.，2016b）。传统的研究多基于理论模型进行探究，鲜有文献通过大样本进行实证研究。考虑到个人在进行决策时，基于的现实情境是模糊的，为此本书提出如下假设。

假设 4-1：模糊性态度是金融决策的内在驱动因素，而风险态度不是。

信任是影响决策的重要因素（Singh and Sirdeshmukh，2000；Sirdeshmukh et al.，2002）。考虑到本书的实验设计基于某线上平台，因此信任更可能会对个人在该平台上的保险购买决策产生影响，其中信任包括以个人为基础的信任程度（Gefen，2003）以及个人对该平台的信任程度。本书通过问卷的问题设计度量以个人为基础的信任程度（即信任倾向），通过用户最近三个月在平台的捐赠行为和转发行为来度量对平台的信任。提出如下两个假设。

假设 4-2a：不确定的态度对金融决策的影响主要集中在以个人为基础的信任程度高的人群中。

假设 4-2b：不确定的态度对金融决策的影响主要集中在对平台信任的人群中。

考虑到购买能力对金融决策的直接影响，家庭经济状况可能也会对家庭的商业保险购买决策产生影响，家庭收入较高的居民更有可能参与到商业保险市场中（刘坤坤等，2012；孙祁祥和王向楠，2013）。比如对于较贫困的家庭，即使有规避不确定性与风险的意愿，也不具备规避负面不确定性的能力。为此，本书对居民的家庭收入情况进行分类，并提出如下假设。

假设 4-3：不确定的态度对金融决策的影响主要集中在中等收入以上的人群中。

为了对上述假设进行检验，本书采用 Probit 模型进行回归，并对异方差标准误进行调整。首先，为了检验假设 4-1，本书对比模糊性厌恶、风险厌恶对居民保险点击行为和保险购买行为的影响，利用 Probit 模型进行回归，回归模型如下：

$$Pr(Y_i = 1) = \Phi(\alpha + \beta \times Ambiguity_i + \gamma \times Risk_i + \delta \times X_i + \varepsilon_i) \quad (4-1)$$

其中，$Y_i$ 依次代表用户是否点击保险（点击为 1，不点击为 0）和是否购买保险（购买为 1，不购买为 0）；$Ambiguity_i$ 为个人模糊性厌恶程度，依次用单位变量（模糊性厌恶为 1，模糊性中性为 0，模糊性偏好为 -1）和连续变量进行刻画；$Risk_i$ 为个人风险厌恶程度，同样依次用单位变量（风险厌恶为 1，风险中性为 0，风险偏好为 -1）和连续变量进行刻画；$X_i$ 为控制变量，包括性别、年龄、教育程度、健康状况、是否有社保和此前是否购买过商业保险；$\varepsilon_i$ 为误差项。同时，根据收益情境和损失情境对模糊性态度和风险态度分别进行讨论，尝试找到解释力度更强的度量方式。

为了检验假设 4-2，本书分别根据用户自评价的以个人为基础的信任程度、用户最近三个月在平台的捐赠行为（包括捐赠次数和捐赠金额）对用户进行分组，并对分样本依次进行检验，探究在对平台信任程度不同的群体中是否存在异质性。

为了验证假设 4-3，本书根据家庭收入进行分样本检验，对分样本中模糊性态度对保险点击和保险购买的影响进行检验，并重点关注在收入不同的群体中模糊性态度对金融决策的影响是否存在差异。

# 4.3　研究样本

## 4.3.1　样本说明及变量概述

本章以第 3 章实验设计中对照组 1 至对照组 5 的 1 003 个用户为研究样本。变量包括通过问卷收集的个人信息、用户在平台的历史行为信息和用户在填写问卷后一周内的保险购买情况。被解释变量用来衡量金融决策（特指大病商业保险购买决策），包括用户在一周内的保险点击情况和购买情况；解释变量是模糊性态度，同时衡量用户在收益情境和损失情境下的模糊性态度；被解释变量包括性别、信任程度、年龄、教育程度、家庭月收入、健康状况、是否有社保、此前是否购买过商业保险、历史捐款次数和捐款金额等。

## 4.3.2　描述性统计

本部分将依次展开对收益情境和损失情境下度量的模糊性态度、收益情境和损失情境下度量的风险态度以及性别、年龄、教育程度、家庭月收入、健康状况、是否有社保、此前是否购买过商业保险和信任程度等人口统计学变量的统计分布描述，最后对本章的全变量进行描述性统计分析。

1. 模糊性态度的统计分布

本节对个人在收益情境和损失情境下的模糊性态度进行度量，统计结果如表 4－1 所示。其中 Panel A 和 Panel C 分别为收益情境和损失情境下度量模糊性态度的分布情况，Panel B 和 Panel D 分别为收益情境和损失情境下度量模糊性态度与回答一致性的描述性统计。

表 4－1　　　　　　　　　　模糊性厌恶的描述性统计

Panel A：模糊性态度分布（收益情境）

| 模糊性态度 | 全样本 |
| --- | --- |
| 模糊性厌恶 | 32.19% |
| 模糊性中性 | 44.55% |
| 模糊性偏好 | 23.26% |

Panel B：模糊性厌恶与回答一致性的描述性统计（收益情境）

| 变量名称 | 样本数量 | 均值 | 标准差 | 最小值 | 最大值 |
| --- | --- | --- | --- | --- | --- |
| 模糊性厌恶 | 761 | 0.02 | 0.24 | -0.44 | 0.47 |
| 回答一致性 | 761 | 0.26 | 0.44 | 0.00 | 1.00 |

Panel C：模糊性态度分布（损失情境）

| 模糊性态度 | 全样本 |
| --- | --- |
| 模糊性厌恶 | 22.13% |
| 模糊性中性 | 38.03% |
| 模糊性偏好 | 39.84% |

Panel D：模糊性厌恶与回答一致性的描述性统计（损失情境）

| 变量名称 | 样本数量 | 均值 | 标准差 | 最小值 | 最大值 |
| --- | --- | --- | --- | --- | --- |
| 模糊性厌恶 | 497 | -0.09 | 0.26 | -0.47 | 0.44 |
| 回答一致性 | 497 | 0.21 | 0.41 | 0.00 | 1.00 |

其中，Panel A 和 Panel B 对收益情境的模糊性态度进行统计，Panel C 和 Panel D 对损失情境的模糊性态度进行统计。当面对收益情境时，模糊性中性人群的比例最高为 44.55%，其次是模糊性厌恶，占比为 32.19%，模糊性偏好的人群占比最低，为 23.26%。当面对损失情境时，所呈现的模糊性态度与收益情境存在一些差异，模糊性偏好人群的比例最高为 39.84%，其次是模糊性中性，占比为 38.03%，模糊性厌恶的人群占比最低，为 22.13%。进一步来看，收益情境下用户模糊性厌恶的均值是 0.02，符号为正，说明在该情况下人群平均是模糊性厌恶的；然而，在损失情境下用户模糊性厌恶的均值是 -0.09，符号为负，说明在该情况下人群平均是模糊性偏好的。此前迪莫克等（2016a）用同样的方法对兰德美国生活面板中人群的模糊性态度（同收益情境下的模糊性厌恶）进行估计，测得的均值为 0.018，和本书实验的结果比较相近。

同时，根据表 4-1，本书发现收益情境下的模糊性厌恶和损失情境下的模糊性厌恶的均值互为相反数，在收益情境下模糊性厌恶的比例要高于损失情境下模糊性厌恶的比例，而在收益情境下模糊性偏好的比例要低于损失情境下模糊性偏好的比例。为了详细对比收益情境和损失情境的模糊性态度分布，本书对模糊性厌恶的区间（－0.5，0.5）按照0.1的跨度进行分组，考虑到模糊性中性的人数较多，为此本书将模糊性中性的人单独分为一组，各区间的模糊性态度分布如图4－1所示。

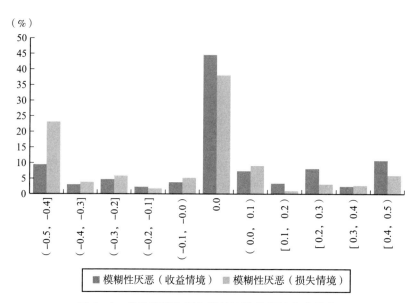

**图4－1　收益情境和损失情境下的模糊性态度分布**

　　根据图4－1中可知，整体来看，收益情境下模糊性厌恶的分布与损失情境下模糊性厌恶的分布有显著区别。在最极端的模糊性偏好区间（－0.5，－0.4）内，收益情境下模糊性厌恶的占比（9.46%）远低于损失情境下模糊性厌恶的占比；类似地，在最极端的模糊性厌恶区间 [0.4，0.5）内，收益情境下模糊性厌恶的占比是10.77%，高于损失情境下模糊性厌恶的占比（6.04%）。同时，在模糊性偏好区间，除了区间（－0.2，－0.1）外，各区间内收益情境下模糊性厌恶的占比均低于损失情境下模糊性厌恶对应的比例；在模糊性偏好区间 [0.1，0.2）、[0.2，0.3）和 [0.4，0.5）中，收益情境下模糊性厌恶的占比均高于损失情境下模糊性厌恶的占比。本书进一步对收益情境下模糊性厌恶和损失情境下模糊性厌恶的分布进行 T 检验，计算可得 T 值为7.8018，从而证明两样本存在显著差异。

　　2. 风险态度的统计分布

　　接下来，本节对个人在收益情境和损失情境下的风险态度进行度量，统计结果如表4－2所示。其中 Panel A 和 Panel C 分别为收益情境和损失情境下度量风险态度的分布情况，Panel B 和 Panel D 分别为收益情境和损失情境下度量风险态度与回答一致性的描述性统计。

**表 4 - 2　　　　　　　　　风险厌恶的描述性统计**

Panel A：风险态度分布（收益情境）

| 风险态度 | 全样本 |
| --- | --- |
| 风险厌恶 | 38.00% |
| 风险中性 | 0.15% |
| 风险偏好 | 61.85% |

Panel B：风险厌恶与回答一致性的描述性统计（收益情境）

| 变量名称 | 样本数量 | 均值 | 标准差 | 最小值 | 最大值 |
| --- | --- | --- | --- | --- | --- |
| 风险厌恶 | 671 | 0.19 | 0.55 | - 0.41 | 1.00 |
| 回答一致性 | 671 | 0.36 | 0.48 | 0.00 | 1.00 |

Panel C：风险态度分布（损失情境）

| 风险态度 | 全样本 |
| --- | --- |
| 风险厌恶 | 73.76% |
| 风险中性 | 0.51% |
| 风险偏好 | 25.72% |

Panel D：风险厌恶与回答一致性的描述性统计（损失情境）

| 变量名称 | 样本数量 | 均值 | 标准差 | 最小值 | 最大值 |
| --- | --- | --- | --- | --- | --- |
| 风险厌恶 | 587 | - 0.30 | 0.52 | - 1.00 | 0.41 |
| 回答一致性 | 587 | 0.40 | 0.49 | 0.00 | 1.00 |

在表 4 - 2 中，Panel A 和 Panel B 依次对收益情境的风险态度进行统计，Panel C 和 Panel D 依次对损失情境的风险态度进行统计，结果发现当面对收益情境时，风险偏好的人群的比例最高为 61.85%，风险厌恶的人占比为 38.00%；在损失情境下，用户的风险态度和收益情境下存在较大差异，风险厌恶人群的比例最高为 73.76%，风险偏好的占比仅为 25.72%。此外，收益情境下用户风险厌恶的均值是 0.19，符号为正，说明该情况下人群平均表现为风险厌恶；在损失情境下用户风险厌恶的均值是 - 0.30，符号为负，说明该情境下人群平均表现为风险偏好。

类似地，为了详细对比收益情境和损失情境的风险态度分布，本书对模糊性厌恶的区间（-1.0，1.0）进行分组，考虑到模糊性中性的人数较多，为此本书将模糊性中性的人单独分为一组，各区间的风险态度如图4-2所示。

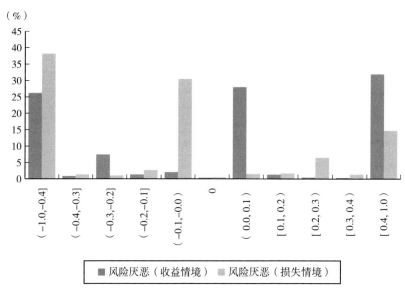

图4-2　收益情境和损失情境下的风险态度分布

从图4-2中可知，整体来看收益情境下风险厌恶的分布较损失情境下风险厌恶的分布而言是右偏的。在最极端的模糊性偏好区间（-1.0，-0.4]内，收益情境下风险厌恶的占比是26.23%，远低于损失情境下风险厌恶的占比（38.14%）；类似地，在最极端的模糊性厌恶区间［0.4，1.0）内，收益情境下风险厌恶的占比是31.91%，远高于损失情境下风险厌恶的占比。进一步对收益情境下风险厌恶和损失情境下风险厌恶的分布进行T检验，发现T值为15.9158，证明两样本存在显著差异。

3. 人口统计学变量的统计分布

进一步介绍样本人口统计学特征的分布情况，依次列举用户的性别、年龄、教育程度、家庭月收入、健康状况、是否有社保、此前是否购买过商业保险和信任程度的分布情况，本部分样本的人口统计学特征分布如表4-3所示。

表 4 - 3　　　　　　　　　　　观测对象人口统计学特征分布

| 性别 | 样本量 | 样本百分比（%） |
|---|---|---|
| 女 | 429 | 42.77 |
| 男 | 574 | 57.23 |
| 年龄 | 样本量 | 样本百分比（%） |
| 18 岁以下 | 107 | 10.67 |
| 18 ~ 25 岁 | 233 | 23.23 |
| 年龄 | 样本量 | 样本百分比（%） |
| 26 ~ 30 岁 | 139 | 13.86 |
| 31 ~ 35 岁 | 166 | 16.55 |
| 36 ~ 40 岁 | 109 | 10.87 |
| 41 ~ 50 岁 | 167 | 16.65 |
| 51 ~ 60 岁 | 66 | 6.58 |
| 60 岁以上 | 16 | 1.60 |
| 教育程度 | 样本量 | 样本百分比（%） |
| 小学及以下 | 59 | 5.88 |
| 初中 | 277 | 27.62 |
| 高中/中专/技校/职高 | 323 | 32.20 |
| 大专 | 144 | 14.36 |
| 大学本科及以上 | 200 | 19.94 |
| 家庭月收入 | 样本量 | 样本百分比（%） |
| 小于 2 000 元 | 141 | 14.06 |
| 2 001 ~ 4 000 元 | 199 | 19.84 |
| 4 001 ~ 6 000 元 | 177 | 17.65 |
| 6 001 ~ 8 000 元 | 86 | 8.57 |
| 8 001 ~ 10 000 元 | 84 | 8.37 |
| 10 001 ~ 15 000 元 | 67 | 6.68 |
| 15 000 元以上 | 47 | 4.69 |
| 拒绝透露 | 202 | 20.14 |
| 健康状况 | 样本量 | 样本百分比（%） |
| 很健康 | 418 | 41.67 |

续表

| 健康状况 | 样本量 | 样本百分比（%） |
|---|---|---|
| 比较健康 | 341 | 34.00 |
| 一般 | 164 | 16.35 |
| 很不健康 | 27 | 2.69 |
| 不清楚 | 53 | 5.28 |

| 是否有社保 | 样本量 | 样本百分比（%） |
|---|---|---|
| 是 | 661 | 65.90 |
| 否 | 342 | 34.10 |

| 此前是否购买过商业保险 | 样本量 | 样本百分比（%） |
|---|---|---|
| 是 | 342 | 34.10 |
| 否 | 661 | 65.90 |

| 何时购买过商业保险 | 样本量 | 样本百分比（%） |
|---|---|---|
| 均购买过 | 88 | 25.73 |
| 新冠疫情前（2019年及之前） | 223 | 65.20 |
| 新冠疫情后（2020年之后） | 31 | 9.06 |

| 认同度：您能相信身边大多数人 | 样本量 | 样本百分比（%） |
|---|---|---|
| 十分同意 | 163 | 16.25 |
| 比较同意 | 414 | 41.28 |
| 无所谓同意不同意 | 243 | 24.23 |
| 不同意 | 128 | 12.76 |
| 非常不同意 | 46 | 4.59 |
| 不清楚 | 9 | 0.90 |

如表4-3所示，从性别变量来看，男性占比（57.23%）略高于女性占比（42.77%）；从年龄变量来看，整体呈纺锤型结构，18~50岁的用户占比较高，18岁以下和51岁以上的用户占比较低；从教育程度变量来看，最高学历为高中/中专/技校/职高的占比最高（32.20%），之后依次为初中（27.62%）、大学本科及以上（19.94%）、大专（14.36%）和小学及以下（5.88%）；从家庭月收入变量来看，除了20.14%的用户拒绝透露收入信息外，整体来看低收入人群占比更高，其中14.06%的人群家庭月收入低于2 000元，家庭月收入为2 001~4 000元、4 001~6 000元、6 001~8 000元、8 001~10 000元、10 001~15 000元和15 000元以上的占比依次下降，分别是19.84%、

17. 65%、8. 57%、8. 37%、6. 68%和4. 69%；从健康状况变量来看，除了5. 28%的人群回答不清楚外，自评价健康程度为很健康、比较健康、一般和很不健康的占比依次下降，分别是41. 67%、34. 00%、16. 35%和2. 69%；从社保变量来看，有社会保险的用户占比更高，大约为65. 90%；从此前是否购买过商业保险变量来看，曾购买过商业保险的用户仅占34. 10%，在这些人群中，有65. 20%个体在新冠疫情前购买过，有9. 06%个体仅在新冠疫情后购买过，在新冠疫情前后均购买过商业保险的人群占比为25. 73%；从信任程度变量来看，关于对"您能相信身边大多数人"的认同程度划分，回答"比较同意"的人数占比最高，为41. 28%，回答"非常不同意"的人数占比最低，为4. 59%。

4. 全变量描述性统计分布

为了将人口统计学信息量化成数值变量，本书对表4－3中的文本变量进行赋值，比如对于性别变量，如果是男性则赋值为1，女性则赋值为0。其他变量的赋值方式见表4－4中的变量描述。表4－4中同时对是否点击、点击次数和是否购买变量进行说明，对解释变量Ⅰ（模糊性厌恶_收益）、模糊性厌恶_收益、Ⅰ（模糊性厌恶_损失）和模糊性厌恶_损失进行说明，其中Ⅰ（模糊性厌恶_收益）和Ⅰ（模糊性厌恶_损失）是单位变量，模糊性厌恶_收益和模糊性厌恶_损失是连续性变量。

**表4－4**　　　　　　　　　　　　**变量名称及描述**

| 变量性质 | 变量名称 | 变量描述 |
| --- | --- | --- |
| 被解释变量 | 是否点击 | 个人在填写信息后一周内如果点击保险链接则取1，否则取0 |
| | 是否购买 | 个人在填写信息后一周内如果购买保险则取1，否则取0 |
| 解释变量 | Ⅰ（模糊性厌恶_收益） | 收益情境下，个人如果是模糊性厌恶，则取1；如果是模糊性中性，则取0；如果是模糊性偏好，则取－1 |
| | 模糊性厌恶_收益 | 收益情境下个人模糊性态度的数值变量 |
| | Ⅰ（模糊性厌恶_损失） | 损失情境下，个人如果是模糊性厌恶，则取1；如果是模糊性中性，则取0；如果是模糊性偏好，则取－1 |
| | 模糊性厌恶_损失 | 损失情境下个人模糊性态度的数值变量 |
| | Ⅰ（风险厌恶_收益） | 收益情境下，个人如果是风险厌恶，则取1；如果是风险中性，则取0；如果是风险偏好，则取－1 |
| | 风险厌恶_收益 | 收益情境下个人风险态度的数值变量 |

续表

| 变量性质 | 变量名称 | 变量描述 |
|---|---|---|
| 解释变量 | I（风险厌恶_损失） | 损失情境下，个人如果是模糊性厌恶，则取 1；如果是模糊性中性，则取 0；如果是模糊性偏好，则取 -1 |
| | 风险厌恶_损失 | 损失情境下个人模糊性程度的数值变量 |
| | 一致性_模糊性_收益 | 个人在两个检验问题中呈现的模糊性态度与测试的模糊性态度均保持一致，则取 1，否则取 0 |
| | 一致性_模糊性_损失 | 个人在两个检验问题中呈现的模糊性态度与测试的模糊性态度均保持一致，则取 1，否则取 0 |
| | 一致性_风险_收益 | 个人在两个检验问题中呈现的风险态度与测试的风险态度均保持一致，则取 1，否则取 0 |
| | 一致性_风险_损失 | 个人在两个检验问题中呈现的风险态度与测试的风险态度均保持一致，则取 1，否则取 0 |
| 控制变量 | 性别 | 如果是男性则赋值为 1，女性则赋值为 0 |
| | 年龄 | 年龄在 18 岁以下赋值为 18，18～25 岁赋值为 21.5，26～30 岁赋值为 28，31～35 岁赋值为 33，36～40 岁赋值为 38，41～50 岁赋值为 45.5，51～60 岁赋值为 55.5，60 岁以上赋值为 60 |
| | 教育水平 | 最高教育程度是"小学及以下"赋值为 1，"初中"赋值为 2，"高中/中专/技校/职高"赋值为 3，"大专"赋值为 4，"大学本科及以上"赋值为 5 |
| | 健康程度 | 身体健康状况"很不健康"赋值为 0，"一般"赋值为 1，"比较健康"赋值为 2，"很健康"赋值为 3 |
| | 家庭月收入（万元） | 家庭月收入"小于 2 000 元"赋值为 0.1，"2 001～4 000 元"赋值为 0.3，"4 001～6 000 元"赋值为 0.5，"6 001～8 000 元"赋值为 0.7，"8 001～10 000 元"赋值为 0.9，"10 001～15 000 元"赋值为 1.25，"15 000 元以上"赋值为 1.5 |
| | 社会保险 | 有社会保险赋值为 1，否则赋值为 0 |
| | 商业保险 | 有社会保险赋值为 1，否则赋值为 0 |
| | 信任程度 | 回答"非常不同意"赋值为 0，"不同意"赋值为 1，"无所谓同意不同意"赋值为 2，"比较同意"赋值为 3，"十分同意"赋值为 4 |
| | 近三个月捐款次数 | 个人在 2021 年 10 月 8 日前三个月在平台上的累计捐赠次数 |
| | 近三个月捐款金额 | 个人在 2021 年 10 月 8 日前三个月在平台上的累计捐赠金额 |

此外，为了控制极端值对实证结果的干扰，本书对近三个月捐款次数和近三个月捐款金额在双侧1%水平上进行缩尾处理，处理后的全变量描述性统计情况如表4-5所示。

表4-5　　　　　　　　　　全变量的描述性统计

| 变量名称 | 样本数量 | 均值 | 标准差 | 最小值 | 最大值 |
| --- | --- | --- | --- | --- | --- |
| 是否点击 | 1 003 | 0.73 | 0.44 | 0 | 1 |
| 是否购买 | 1 003 | 0.06 | 0.25 | 0 | 1 |
| I（模糊性厌恶_收益） | 761 | 0.09 | 0.74 | −1 | 1 |
| 模糊性厌恶_收益 | 761 | 0.02 | 0.24 | −0.44 | 0.47 |
| I（模糊性厌恶_损失） | 497 | −0.18 | 0.77 | −1 | 1 |
| 模糊性厌恶_损失 | 497 | −0.09 | 0.26 | −0.47 | 0.44 |
| I（风险厌恶_收益） | 671 | 0.24 | 0.97 | −1 | 1 |
| 风险厌恶_收益 | 671 | 0.19 | 0.55 | −0.41 | 1.00 |
| I（风险厌恶_损失） | 587 | −0.48 | 0.87 | −1 | 1 |
| 风险厌恶_损失 | 587 | −0.30 | 0.52 | −1.00 | 0.41 |
| 一致性_模糊性_收益 | 761 | 0.26 | 0.44 | 0.00 | 1.00 |
| 一致性_模糊性_损失 | 497 | 0.21 | 0.41 | 0.00 | 1.00 |
| 一致性_风险_收益 | 671 | 0.36 | 0.48 | 0.00 | 1.00 |
| 一致性_风险_损失 | 587 | 0.40 | 0.49 | 0.00 | 1.00 |
| 性别 | 1 003 | 0.57 | 0.49 | 0 | 1 |
| 年龄 | 1 003 | 32.57 | 11.48 | 18 | 60 |
| 教育水平 | 1 003 | 3.15 | 1.20 | 1 | 5 |
| 健康程度 | 950 | 2.21 | 0.83 | 0 | 3 |
| 家庭月收入（万元） | 801 | 0.56 | 0.40 | 0.1 | 1.5 |
| 社会保险 | 1 003 | 0.66 | 0.47 | 0 | 1 |
| 商业保险 | 1 003 | 0.34 | 0.47 | 0 | 1 |
| 商业保险购买时间 | 342 | 2.17 | 0.57 | 1 | 3 |
| 信任程度 | 994 | 2.52 | 1.06 | 0 | 4 |

| 变量名称 | 样本数量 | 均值 | 标准差 | 最小值 | 最大值 |
|---|---|---|---|---|---|
| 近三个月捐款次数 | 1 003 | 0.59 | 1.22 | 0 | 8 |
| 近三个月捐款金额（元） | 1 003 | 28.59 | 79.14 | 0 | 520 |

平均来看，72.88%的用户都点击了保险链接，6.48%的用户购买了商业大病保险。同样，人们在面对收益情境时表现为模糊性厌恶和风险厌恶，但是在面对损失情境时却表现为模糊性偏好和风险偏好。另外，根据用户历史行为可知其在三个月内平均捐款次数为0.59次，三个月内平均捐款金额为28.59元。

### 4.3.3　模糊性厌恶与其他变量的相关性

本部分将分别展示收益情境和损失情境下模糊性厌恶与其他变量的相关性。虽然这不是本书的重点，但是对探索模糊性厌恶的本质有重要作用。关于模糊性的本质也是众说纷纭，有学者认为模糊性厌恶是因不了解概率而导致的错误（Al-Najjar and Weinstein，2009），还有学者则认为模糊性厌恶是一种面对不确定性的态度，并不是一种错误（Machina and Siniscalchi，2014；Abdellaoui et al.，2015）。

表4-6和表4-7分别为在收益情境和损失情境下模糊性厌恶和风险厌恶、性别、年龄、教育水平、健康程度、家庭月收入（万元）、社会保险、商业保险、商业保险购买时间和信任程度的相关性系数表。

由表4-6可知，在收益情境下，本书发现模糊性厌恶与风险厌恶之间存在正相关关系，且相关系数为0.30，在10%的水平上显著。此外，模糊性厌恶与性别等其他人口统计学变量之间相关性的数值很小，且在10%的水平上并不显著。与之前的研究有所不同（Dimmock et al.，2016；Butler et al.，2014），本书并未发现模糊性厌恶与教育水平之间的显著正向相关性。

在损失情境下，如表4-7所示，结论与在收益情境下相似，发现模糊性厌恶与风险厌恶之间存在正相关关系，且相关系数为0.17，在10%的水平上显著。类似地，模糊性厌恶与性别等其他人口统计学变量之间相关性很小，且在10%的水平上并不显著。

表4-6　模糊性厌恶（收益情境）与其他变量的相关系数

| 变量 | 模糊性厌恶_收益 | 风险厌恶_收益 | 性别 | 年龄 | 教育水平 | 健康程度 | 家庭月收入（万元） | 社会保险 | 商业保险 | 商业保险购买时间 | 信任程度 |
|---|---|---|---|---|---|---|---|---|---|---|---|
| 模糊性厌恶_收益 | 1.00 | | | | | | | | | | |
| 风险厌恶_收益 | 0.30* | 1.00 | | | | | | | | | |
| 性别 | -0.05 | -0.04 | 1.00 | | | | | | | | |
| 年龄 | 0.06 | -0.01 | 0.08* | 1.00 | | | | | | | |
| 教育水平 | 0.03 | 0.08* | -0.02 | -0.10* | 1.00 | | | | | | |
| 健康程度 | -0.02 | -0.02 | 0.05 | -0.22* | 0.05 | 1.00 | | | | | |
| 家庭月收入（万元） | -0.01 | 0.05 | 0.18* | 0.09* | 0.26* | 0.14* | 1.00 | | | | |
| 社会保险 | 0.02 | 0.07 | -0.01 | 0.11* | 0.17* | 0.06 | 0.18* | 1.00 | | | |
| 商业保险 | 0.02 | -0.00 | 0.10* | 0.10* | 0.13* | 0.09 | 0.31* | 0.21* | 1.00 | | |
| 商业保险购买时间 | 0.01 | 0.06 | 0.05 | -0.12* | 0.11* | 0.06 | 0.07 | 0.03 | 1.00 | | |
| 信任程度 | -0.04 | -0.09* | 0.06 | 0.00 | 0.03 | 0.11* | -0.04 | 0.03 | 0.01 | 0.04 | 1.00 |

注：*代表在10%的显著性水平上显著。当保留商业保险购买时间的样本时，对应的商业保险变量的取值均为1，导致计算相关系数时，分母为0，所以表中会出现缺失值。

表4-7　　模糊性厌恶（损失情境）与其他变量的相关系数

| 变量 | 模糊性厌恶_损失 | 风险厌恶_损失 | 性别 | 年龄 | 教育水平 | 健康程度 | 家庭月收入（万元） | 社会保险 | 商业保险 | 商业保险购买时间 | 信任程度 |
|---|---|---|---|---|---|---|---|---|---|---|---|
| 模糊性厌恶_损失 | 1.00 | | | | | | | | | | |
| 风险厌恶_损失 | 0.17* | 1.00 | | | | | | | | | |
| 性别 | 0.08 | 0.03 | 1.00 | | | | | | | | |
| 年龄 | 0.01 | 0.02 | 0.08* | 1.00 | | | | | | | |
| 教育水平 | 0.03 | 0.05 | -0.02 | -0.10* | 1.00 | | | | | | |
| 健康程度 | 0.03 | 0.01 | 0.05 | -0.22* | 0.05 | 1.00 | | | | | |
| 家庭月收入（万元） | 0.12 | 0.07 | 0.18* | 0.09* | 0.26* | 0.14* | 1.00 | | | | |
| 社会保险 | -0.03 | 0.01 | -0.01 | 0.11* | 0.17* | 0.06 | 0.18* | 1.00 | | | |
| 商业保险 | 0.08 | 0.05 | 0.10* | 0.10* | 0.13* | 0.09 | 0.31* | 0.21* | 1.00 | | |
| 商业保险购买时间 | -0.02 | 0.04 | 0.05 | -0.12* | 0.11* | 0.06 | 0.07 | 0.03 | | 1.00 | |
| 信任程度 | 0.02 | -0.04 | 0.06 | 0.00 | 0.03 | 0.11* | -0.04 | 0.03 | 0.01 | 0.04 | 1.00 |

注：* 代表在10%的显著性水平上显著。当保留商业保险购买时间的样本时，对应的商业保险变量的取值均为1，导致计算相关系数时，分母为0，所以表中会出现缺失值。

# 4.4　实　证　检　验

本节将对上述问题逐一进行实证检验：4.4.1 节将对收益情境和损失情境下度量的模糊性态度和风险态度指标的有效性进行对比分析，并在之后的分析中使用更合理的指标进行讨论；4.4.2 节将对模糊性厌恶与风险厌恶对居民保险点击和保险购买的影响进行深入分析，对比模糊性态度和风险态度哪个态度是影响金融决策的主要因素，并估计其对保险市场参与行为的影响程度；4.4.3 节将进一步对模糊性厌恶、风险厌恶与保险市场参与的回归结果进行稳健性检验，引入各态度回答问题的一致性并对其他可能影响结果的因素进行讨论；4.4.4 节将讨论在信任程度不同的群体中模糊性厌恶对金融决策影响的差异，其中信任程度的衡量既包括个人本身的信任倾向，也包括个人对平台的信任程度；4.4.5 节将讨论在购买能力不同的群体中模糊性厌恶对金融决策影响的差异。

## 4.4.1　对比收益情境和损失情境指标的有效性

4.3.2 节已经对模糊性态度和风险态度在收益情境和损失情境的分布进行对比，发现人们在收益情境下平均是模糊性厌恶的，而在损失情境下平均为模糊性偏好的，同时人们的风险态度在收益情境下呈现为风险厌恶，在损失情境下呈现为风险偏好。那么收益情境和损失情境下的模糊性态度和风险态度指标在对个人保险市场参与行为中的解释力度如何以及是否存在差异，本节将对此展开论证。

为了对比收益情境和损失情境下模糊性态度和风险态度指标的有效性，本节首先将各情境下的模糊性态度和风险态度转换为单位变量（I（模糊性厌恶_收益）、I（模糊性厌恶_损失）、I（风险厌恶_收益）和 I（风险厌恶_损失）），即在收益和损失两种情境下的模糊性厌恶为 1，模糊性中性为 0，模糊性偏好为 $-1$，风险厌恶为 1，风险中性为 0，风险偏好为 $-1$，据此刻画各态度，并依次对各态度与保险市场参与行为进行单变量回归（如表 4 - 8 和表 4 - 9 所示），对模糊性态度、风险态度与保险市场参与行为进行组合回归（如表 4 - 10、表 4 - 11 和表 4 - 12 所示），逐个比较各态度变量的解释力度。

本书将是否点击保险链接这一单位变量作为被解释变量，用 Probit 模型进行估计，表 4 - 8 中将汇报模糊性厌恶和风险厌恶分别为收益情境或为损失情境的单变量回归结果，其中 Panel A 只引入 I（模糊性厌恶_收益）、I（模糊性厌恶_损失）、I（风险厌恶_收益）或 I（风险厌恶_损失）的态度单位变量，而 Panel B 在对模糊性态度和风险态度单位变量进行回归时引入了性别、年龄、教育程度、健康状况、是否有社保和此前是否购买过商业保险等控制变量。

　　模糊性态度、风险态度与保险点击行为的回归结果如表 4 - 8 所示，在 Panel A 中仅用 I（模糊性厌恶_收益）、I（模糊性厌恶_损失）、I（风险厌恶_收益）或 I（风险厌恶_损失）的单位态度变量进行回归时，就模糊性态度而言，收益情境下度量的模糊性厌恶的解释力度要高于损失情境下模糊性厌恶的解释力度，一方面收益情境下度量的模糊性厌恶系数估计值的 T 值绝对值要高于损失情境下度量的模糊性厌恶系数估计值的 T 值绝对值，另一方面收益情境下度量的模糊性厌恶系数回归的 Pseudo $R^2$ 要高于损失情境下度量的模糊性厌恶系数回归的 Pseudo $R^2$；就风险态度而言，此刻损失情境下的风险厌恶的解释力度要高于收益情境下度量的风险厌恶，理由类似，一方面损失情境下度量的风险厌恶系数估计值的 T 值绝对值高于收益情境下度量的风险厌恶系数估计值的 T 值绝对值，另一方面损失情境下度量的风险厌恶系数回归的 Pseudo $R^2$ 要高于收益情境下度量的风险厌恶系数回归的 Pseudo $R^2$。在 Panel B 中引入性别、年龄、教育程度、健康状况、是否有社保和此前是否购买过商业保险等控制变量后，收益情境下度量的模糊性厌恶系数估计值的 T 值绝对值仍略高于损失情境下度量的模糊性厌恶系数估计值的 T 值绝对值，损失情境下度量的风险厌恶系数估计值的 T 值绝对值仍显著高于收益情境下度量的风险厌恶系数估计值的 T 值绝对值。

**表 4 - 8　　　　　单变量回归：模糊性态度、风险态度与保险点击**

Panel A：无控制变量

| 变量 | 保险点击 | 保险点击 | 保险点击 | 保险点击 |
|---|---|---|---|---|
| | Probit | Probit | Probit | Probit |
| | （1） | （2） | （3） | （4） |
| I（模糊性厌恶_收益） | 0.0858<br>（1.29） | | | |
| I（模糊性厌恶_损失） | | 0.0563<br>（0.69） | | |
| I（风险厌恶_收益） | | | - 0.0002<br>（- 0.00） | |

Panel A：无控制变量

| 变量 | 保险点击 | 保险点击 | 保险点击 | 保险点击 |
|---|---|---|---|---|
| | Probit | Probit | Probit | Probit |
| | (1) | (2) | (3) | (4) |
| I（风险厌恶_损失） | | | | 0.0554 (0.86) |
| 控制变量 | × | × | × | × |
| 观测值 | 761 | 497 | 671 | 587 |
| Pseudo R$^2$ | 0.0019 | 0.0009 | 0.0000 | 0.0011 |

Panel B：引入控制变量

| 变量 | 保险点击 | 保险点击 | 保险点击 | 保险点击 |
|---|---|---|---|---|
| | Probit | Probit | Probit | Probit |
| | (1) | (2) | (3) | (4) |
| I（模糊性厌恶_收益） | 0.0510 (0.75) | | | |
| I（模糊性厌恶_损失） | | 0.0615 (0.73) | | |
| I（风险厌恶_收益） | | | 0.0068 (0.12) | |
| I（风险厌恶_损失） | | | | 0.0574 (0.86) |
| 控制变量 | √ | √ | √ | √ |
| 观测值 | 722 | 470 | 638 | 554 |
| Pseudo R$^2$ | 0.0239 | 0.0247 | 0.0176 | 0.0324 |

注：括号内为 T 检验值。

接下来，本书将是否购买保险这一单位变量作为被解释变量，用 Probit 模型进行估计，表4-9 将汇报模糊性厌恶和风险厌恶分别为收益情境或为损失情境的单变量回归结果。同样地，Panel A 只引入 I（模糊性厌恶_收益）、I（模糊性厌恶_损失）、I（风险厌恶_收益）或 I（风险厌恶_损失）的态度单位变量，Panel B 同时控制了性别、年龄、教育程度、健康状况、是否有社保和此前是否购买过商业保险等控制变量。

表 4 - 9                     单变量回归：模糊性态度、风险态度与保险购买

Panel A：无控制变量

| 变量 | 保险购买<br>Probit<br>（1） | 保险购买<br>Probit<br>（2） | 保险购买<br>Probit<br>（3） | 保险购买<br>Probit<br>（4） |
|---|---|---|---|---|
| I（模糊性厌恶_收益） | 0.2977 ***<br>（2.83） | | | |
| I（模糊性厌恶_损失） | | 0.1520<br>（1.34） | | |
| I（风险厌恶_收益） | | | − 0.0303<br>（− 0.41） | |
| I（风险厌恶_损失） | | | | − 0.0131<br>（− 0.14） |
| 控制变量 | × | × | × | × |
| 观测值 | 761 | 497 | 671 | 587 |
| Pseudo $R^2$ | 0.0235 | 0.0250 | 0.0005 | 0.0001 |

Panel B：引入控制变量

| 变量 | 保险购买<br>Probit<br>（1） | 保险购买<br>Probit<br>（2） | 保险购买<br>Probit<br>（3） | 保险购买<br>Probit<br>（4） |
|---|---|---|---|---|
| I（模糊性厌恶_收益） | 0.3375 ***<br>（3.09） | | | |
| I（模糊性厌恶_损失） | | 0.1317<br>（1.12） | | |
| I（风险厌恶_收益） | | | − 0.0435<br>（− 0.55） | |
| I（风险厌恶_损失） | | | | 0.0057<br>（0.06） |
| 控制变量 | √ | √ | √ | √ |
| 观测值 | 722 | 470 | 638 | 554 |
| Pseudo $R^2$ | 0.0765 | 0.0242 | 0.0530 | 0.0378 |

注：括号内为 T 检验值，*** 代表在 1% 的显著性水平上显著。

　　模糊性态度、风险态度与保险购买的回归结果如表 4 - 9 所示，在 Panel A 中仅用 I（模糊性厌恶_收益）、I（模糊性厌恶_损失）、I（风险厌恶_收益）或 I（风险厌恶_损失）的单位态度变量进行回归时，与表 4 - 8 中保险点击的结果类似，就模糊性态度而言，收益情境下度量的模糊性厌恶的解释力度要显著高于损失情境下模糊性厌恶的解释力度，收益情境下度量的模糊性厌恶系数估计值的 T 值绝对值要高于损失情境下度量的模糊性厌恶系数估计值的 T 值绝对值，但此时两个回归的 Pseudo $R^2$ 比较接近；就风险态度而言，与表 4 - 8 中保险点击的结果不同的是，收益情境下的风险厌恶的解释力度要高于损失情境下度量的风险厌恶，一方面收益情境下度量的风险厌恶系数估计值的 T 值绝对值高于损失情境下度量的风险厌恶系数估计值的 T 值绝对值，另一方面收益情境下度量的风险厌恶系数回归的 Pseudo $R^2$ 要高于损失情境下度量的风险厌恶系数回归的 Pseudo $R^2$。在 Panel B 中引入性别、年龄、教育程度、健康状况、是否有社保和此前是否购买过商业保险等控制变量后，收益情境下度量的模糊性厌恶系数估计值的 T 值绝对值仍高于损失情境下度量的模糊性厌恶系数估计值的 T 值绝对值，同时此刻收益情境下度量的模糊性厌恶系数回归的 Pseudo $R^2$ 要高于损失情境下度量的模糊性厌恶系数回归的 Pseudo $R^2$，从而证实了收益情境下度量的模糊性厌恶的解释力度要更强；就风险态度而言，在引入控制变量后的结果也与 Panel A 中类似，均为收益情境下的风险厌恶的解释力度要更强。

　　在表 4 - 8 和表 4 - 9 中，本书对收益情境下和损失情境下的模糊性态度和风险态度单位变量进行了单独回归。为了对比模糊性态度和风险态度两者的解释强度，接下来本书将随机组合收益情境和损失情境的模糊性态度和风险态度，并将收益情境或损失情境下的模糊性态度和风险态度两两组合引入到回归中。收益情境和损失情境的模糊性态度、风险态度与保险点击和保险购买的回归结果分别如表 4 - 10 和表 4 - 11 所示。

　　首先，本书将是否点击保险链接这一单位变量作为被解释变量，用 Probit 模型进行估计，回归结果如表 4 - 10 所示，其中 Panel A 只引入 I（模糊性厌恶_收益）、I（模糊性厌恶_损失）、I（风险厌恶_收益）或 I（风险厌恶_损失）的态度单位变量，而 Panel B 同时引入了性别、年龄、教育程度、健康状况、是否有社保和此前是否购买过商业保险等控制变量。

表 4 – 10　　　　　两变量组合回归：模糊性态度、风险态度与保险点击

Panel A：无控制变量

| 变量 | 保险点击 Probit (1) | 保险点击 Probit (2) | 保险点击 Probit (3) | 保险点击 Probit (4) |
|---|---|---|---|---|
| I（模糊性厌恶_收益） | 0.1967** (2.37) | 0.0877 (1.05) | | |
| I（模糊性厌恶_损失） | | | 0.0442 (0.49) | 0.1667* (1.73) |
| I（风险厌恶_收益） | − 0.063 ( − 0.98) | | 0.0716 (1.02) | |
| I（风险厌恶_损失） | | 0.0306 (0.44) | | 0.0429 (0.49) |
| 控制变量 | × | × | × | × |
| 观测值 | 514 | 502 | 412 | 340 |
| Pseudo R² | 0.0104 | 0.0025 | 0.0034 | 0.0089 |

Panel B：引入控制变量

| 变量 | 保险点击 Probit (1) | 保险点击 Probit (2) | 保险点击 Probit (3) | 保险点击 Probit (4) |
|---|---|---|---|---|
| I（模糊性厌恶_收益） | 0.1510* (1.77) | 0.0489 (0.57) | | |
| I（模糊性厌恶_损失） | | | 0.0622 (0.67) | 0.1544 (1.54) |
| I（风险厌恶_收益） | − 0.0415 ( − 0.63) | | 0.0580 (0.79) | |
| I（风险厌恶_损失） | | 0.0351 (0.48) | | 0.043 (0.47) |
| 控制变量 | √ | √ | √ | √ |
| 观测值 | 489 | 475 | 391 | 321 |
| Pseudo R² | 0.0247 | 0.0371 | 0.0295 | 0.0391 |

注：括号内为 T 检验值，** 和 * 分别代表在 5% 和 10% 的显著性水平上显著。

模糊性态度、风险态度与保险点击的回归结果如表 4 – 10 所示，在 Panel A 的第（1）列中，I（模糊性厌恶_收益）系数估计值的 T 值绝对值要高于其他三列中 I（模糊性厌恶_收益）和 I（模糊性厌恶_损失）系数估计值的 T 值绝对值，同时第（1）列中的 Pseudo R² 要高于其他三列；当引入控制变量后，回归结果如 Panel B 所示，此时只有在第（1）列中 I（模糊性厌恶_收益）系数估计值在 10% 的水平上显著，从而在一定程度上说明了收益情境下度量的模糊性态度更加有效。

接下来，本书将是否购买保险这一单位变量作为被解释变量，用 Probit 模型进行估计，回归结果如表 4 – 11 所示。同样地，Panel A 只引入态度的单位变量，而 Panel B 同时控制了性别、年龄、教育程度、健康状况、是否有社保和此前是否购买过商业保险等控制变量。

表 4 – 11　　　　两变量组合回归：模糊性态度、风险态度与保险购买

Panel A：无控制变量

| 变量 | 保险购买 | 保险购买 | 保险购买 | 保险购买 |
|---|---|---|---|---|
| | Probit | Probit | Probit | Probit |
| | （1） | （2） | （3） | （4） |
| I（模糊性厌恶_收益） | 0.3157 ** (2.57) | 0.2449 * (1.89) | | |
| I（模糊性厌恶_损失） | | | 0.0705 (0.57) | 0.1709 (1.27) |
| I（风险厌恶_收益） | −0.0675 (−0.77) | | 0.0194 (0.20) | |
| I（风险厌恶_损失） | | 0.0024 (0.02) | | 0.1146 (1.00) |
| 控制变量 | × | × | × | × |
| 观测值 | 514 | 502 | 412 | 340 |
| Pseudo R² | 0.0291 | 0.0170 | 0.0020 | 0.0154 |

续表

Panel B：引入控制变量

| 变量 | 保险购买 | 保险购买 | 保险购买 | 保险购买 |
|------|---------|---------|---------|---------|
|      | Probit  | Probit  | Probit  | Probit  |
|      | （1）   | （2）   | （3）   | （4）   |
| I（模糊性厌恶_收益） | 0.3412\*\*\* (2.69) | 0.3157\*\* (2.44) | | |
| I（模糊性厌恶_损失） | | | 0.0521 (0.40) | 0.1769 (1.29) |
| I（风险厌恶_收益） | −0.0813 (−0.91) | | 0.0040 (0.04) | |
| I（风险厌恶_损失） | | 0.0291 (0.29) | | 0.1353 (1.14) |
| 控制变量 | √ | √ | √ | √ |
| 观测值 | 489 | 475 | 391 | 321 |
| Pseudo $R^2$ | 0.0767 | 0.0622 | 0.0205 | 0.0363 |

注：括号内为 T 检验值，\*\*\*，\*\* 和 \* 分别代表在 1%，5% 和 10% 的显著性水平上显著。

模糊性态度、风险态度与保险点击的回归结果如表 4－11 所示，此时本书发现基于收益情境下度量的模糊性态度结果的解释力度更好。具体来看，在 Panel A 中，第（1）列和第（2）列中 I（模糊性厌恶_收益）系数估计值的 T 值绝对值均高于第（3）列和第（4）列中 I（模糊性厌恶_收益）系数估计值的 T 值绝对值，此外第（1）列和第（2）列中 Pseudo $R^2$ 也要大于第（3）列和第（4）列中 Pseudo $R^2$ 的值。上述结果在 Panel B 中依然成立。就风险态度而言，在表 4－11 中暂未发现收益情境和损失情境两种度量方式下哪种更有效，在 Panel A 和 Panel B 中，第（1）列中 I（风险厌恶_收益）系数估计值的 T 值绝对值和第（4）列中 I（风险厌恶_损失）系数估计值的 T 值绝对值较为接近，且均高于第（2）列和第（3）列中对应系数估计值的 T 值绝对值。

最后，本书将同时将 I（模糊性厌恶_收益）、I（模糊性厌恶_损失）、I（风险厌恶_收益）和 I（风险厌恶_损失）四个单位态度变量同时纳入分析，回归结果如表 4－12 所示。同样地，在 Panel A 中本书只引入态度的单位变量，而在 Panel B 中本书同时控制了性别、年龄、教育程度、健康状况、是否有社保和此前是否购买过商业保险等控制变量。第（1）列和第（2）列中的被解释变量为保险点击，第（3）列和第（4）列中被解释变量为保险购买。

表 4 - 12　　　　　四变量组合回归：模糊性态度、风险态度与保险决策

| 变量 | 保险点击 | 保险点击 | 保险购买 | 保险购买 |
|---|---|---|---|---|
| | Probit | Probit | Probit | Probit |
| | （1） | （2） | （3） | （4） |
| I（模糊性厌恶_收益） | 0. 2870 ** | 0. 2286 * | 0. 1999 | 0. 2702 * |
| | （2. 40） | （1. 88） | （1. 16） | （1. 65） |
| I（模糊性厌恶_损失） | 0. 1925 | 0. 1904 | 0. 0094 | 0. 0230 |
| | （1. 64） | （1. 60） | （0. 06） | （0. 15） |
| I（风险厌恶_收益） | − 0. 0256 | − 0. 0207 | 0. 0126 | − 0. 0452 |
| | （− 0. 27） | （− 0. 21） | （0. 10） | （− 0. 35） |
| I（风险厌恶_损失） | − 0. 0038 | − 0. 0108 | 0. 2019 * | 0. 2455 * |
| | （− 0. 04） | （− 0. 10） | （1. 66） | （1. 92） |
| 控制变量 | × | √ | × | √ |
| 观测值 | 255 | 242 | 255 | 242 |
| Pseudo R$^2$ | 0. 0331 | 0. 0614 | 0. 0334 | 0. 0625 |

注：括号内为 T 检验值，** 和 * 分别代表在 5% 和 10% 的显著性水平上显著。

收益情境和损失情境下的模糊性态度、风险态度与保险点击和保险购买的回归结果如表 4 - 12 所示，由表可知收益情境下模糊性态度的解释力度要强于损失情境下模糊性态度的解释力度，损失情境下风险态度的解释力度要强于收益情境下风险态度的解释力度。具体来看，在第（1）列和第（2）列中当被解释变量为保险点击时，同时引入收益情境下的模糊性态度和损失情境下的模糊性态度后 I（模糊性厌恶_收益）系数估计值的 T 值绝对值均显著高于 I（模糊性厌恶_损失）系数估计值的 T 值绝对值；类似地，在第（3）列和第（4）列中当被解释变量为保险购买时，同时引入收益情境下的模糊性态度和损失情境下的模糊性态度后 I（模糊性厌恶_收益）系数估计值的 T 值绝对值也都显著高于 I（模糊性厌恶_损失）系数估计值的 T 值绝对值。

结合单变量回归和多变量回归的结果，本书发现基于收益情境度量的模糊性态度更加有效，并没有发现收益情境与损失情境度量的风险态度存在绝对占优关系。为此，本书在接下来的回归中利用收益情境下的模糊性态度作为衡量

模糊性态度的核心自变量，同时将收益情境和损失情境下的风险态度作为本书衡量风险态度的核心自变量。

### 4.4.2 模糊性态度、风险态度与保险市场参与

本节将在4.4.1节的基础上对模糊性厌恶与风险厌恶对居民保险点击和保险购买的影响进行深入分析，对比哪个态度是影响金融决策的主要因素。4.4.1节利用单位变量来度量模糊性态度和风险态度，并初步发现是模糊性态度决定了个人保险市场参与决策，而不是风险态度。本节将对模糊性态度和风险态度的连续变量进行深入探讨。

与前一节类似，本部分将依次对模糊性态度或风险态度与保险市场参与行为进行单变量回归（如表4-13和表4-14所示），对模糊性态度、收益情境或损失情境下的风险态度与保险市场参与行为进行组合回归（如表4-15和表4-16所示），对模糊性态度、收益情境和损失情境下的风险态度与保险市场参与行为进行全变量回归（如表4-17所示），同时逐个比较是哪个态度最终决定了个人的金融决策。

首先，本书将是否点击保险链接这一单位变量作为被解释变量，用Probit模型进行估计，表4-13中将汇报模糊性厌恶和收益情境或损失情境的风险厌恶的单变量回归结果，其中第（1）列至第（3）列只引入I（模糊性厌恶_收益）、I（风险厌恶_收益）或I（风险厌恶_损失）的连续变量，而第（4）列至第（6）列在对连续变量进行回归时引入了性别、年龄、教育程度、健康状况、是否有社保和此前是否购买过商业保险等控制变量。

表4-13    单变量回归：模糊性态度、风险态度与保险点击

| 变量 | Probit | Probit | Probit | Probit | Probit | Probit |
| --- | --- | --- | --- | --- | --- | --- |
| | （1） | （2） | （3） | （4） | （5） | （6） |
| 模糊性厌恶_收益 | 0.3749 *<br>(1.82) | | | 0.2850<br>(1.35) | | |
| 风险厌恶_收益 | | 0.0355<br>(0.38) | | | 0.0272<br>(0.28) | |
| 风险厌恶_损失 | | | 0.0921<br>(0.88) | | | 0.1007<br>(0.93) |

续表

| 变量 | Probit | Probit | Probit | Probit | Probit | Probit |
|---|---|---|---|---|---|---|
|  | （1） | （2） | （3） | （4） | （5） | （6） |
| 控制变量 | × | × | × | √ | √ | √ |
| 观测值 | 761 | 671 | 587 | 638 | 489 | 554 |
| Pseudo R$^2$ | 0.0038 | 0.0002 | 0.0011 | 0.0176 | 0.0265 | 0.0326 |

注：括号内为 T 检验值，*代表在 10% 的显著性水平上显著。

如表 4 – 13 所示，无论是否引入性别等控制变量均可发现用收益情境下的模糊性态度来解释保险点击行为的估计值的 T 值绝对值要高于用收益情境下和损失情境下的风险态度来解释保险点击行为的估计值的 T 值绝对值，同时从系数估计值的符号可以发现，个人越厌恶模糊性，越倾向于点击并了解相应保险产品。

在表 4 – 14 中，本书将关注保险购买这一被解释变量，用 Probit 模型进行估计，依次展示模糊性厌恶和收益情境或损失情境的风险厌恶对保险购买的影响，第（1）列至第（3）列只引入连续变量，第（4）列至第（6）列同时引入了性别、年龄、教育程度、健康状况、是否有社保和此前是否购买过商业保险等控制变量。

表 4 – 14　　　单变量回归：模糊性态度、风险态度与保险购买

| 变量 | Probit | Probit | Probit | Probit | Probit | Probit |
|---|---|---|---|---|---|---|
|  | （1） | （2） | （3） | （4） | （5） | （6） |
| 模糊性厌恶_收益 | 0.8766 *** (2.71) |  |  | 0.8577 *** (2.58) |  |  |
| 风险厌恶_收益 |  | 0.0563 (0.42) |  |  | 0.0580 (0.41) |  |
| 风险厌恶_损失 |  |  | 0.0253 (0.16) |  |  | 0.0611 (0.39) |
| 控制变量 | × | × | × | √ | √ | √ |
| 观测值 | 761 | 671 | 587 | 722 | 638 | 554 |
| Pseudo R$^2$ | 0.0235 | 0.0005 | 0.0001 | 0.0684 | 0.0527 | 0.0383 |

注：括号内为 T 检验值，***代表在 1% 的显著性水平上显著。

　　模糊性态度和风险态度对保险购买的影响如表 4 – 14 所示，无论引入控制变量与否，模糊性厌恶_收益的回归估计系数在 1% 的水平上显著为正，而收益情境下和损失情境下的风险态度的回归估计系数在统计意义上并不显著；同时第（1）列和第（4）列中 Pseudo $R^2$ 也要大于第（2）列、第（3）列、第（5）列和第（6）列中 Pseudo $R^2$ 的值，再次证实了模糊性态度解释力度更强。

　　为了进一步对比是模糊性态度还是风险态度决定了个人的金融决策，接下来本书将依次展示模糊性态度与收益情境下度量的风险态度、模糊性态度与损失情境下度量的风险态度对个人保险市场参与行为的影响，回归结果分别如表 4 – 15 和表 4 – 16 所示。其中模糊性态度、风险态度（收益情境）与保险市场参与决策的回归结果如表 4 – 15 所示，第（1）列和第（2）列中的被解释变量为保险点击，第（3）列和第（4）列中的被解释变量为保险购买。

表 4 – 15　　两变量组合回归：模糊性态度、风险态度（收益情境）与保险决策

| 变量 | 保险点击 | 保险点击 | 保险购买 | 保险购买 |
| --- | --- | --- | --- | --- |
| | Probit | Probit | Probit | Probit |
| | （1） | （2） | （3） | （4） |
| 模糊性厌恶_收益 | 0.6847 *** (2.58) | 0.5629 ** (2.04) | 0.7253 * (1.89) | 0.6939 * (1.77) |
| 风险厌恶_收益 | − 0.0634 ( − 0.57) | − 0.0492 ( − 0.43) | − 0.0022 ( − 0.01) | 0.0066 (0.04) |
| 控制变量 | × | √ | × | √ |
| 观测值 | 514 | 489 | 514 | 489 |
| Pseudo $R^2$ | 0.0117 | 0.0265 | 0.0165 | 0.0596 |

　　注：括号内为 T 检验值，***，** 和 * 分别代表在 1%，5% 和 10% 的显著性水平上显著。

　　回归结果如表 4 – 15 所示，本书发现是模糊性态度而不是收益情境下的风险态度决定了个人的保险点击和保险购买行为。具体来看，如第（2）列所示，在引入性别等控制变量、态度利用连续变量进行刻画时，模糊性厌恶_收益的回归估计系数在 5% 的水平上显著为正，模糊性厌恶_收益每增加一个标准差（0.24），用户点击保险链接的概率提高 4.31 个百分点，约占样本均值的5.90%，说明是模糊性厌恶而不是风险厌恶决定了个人的保险点击决策，因此证实了假设 4 – 1。同时，研究发现越厌恶模糊性的个人越倾向于点击并了解

保险产品。如第（4）列所示，在引入性别等控制变量、态度利用连续变量进行刻画时，模糊性厌恶_收益的回归估计系数在 10% 的水平上显著为正，模糊性厌恶_收益每增加一个标准差（0.24），用户购买平台自动跳转大病商业保险的概率会提高 2.29 个百分点，约占样本均值的 35.38%。因此，证明是模糊性厌恶而不是风险厌恶（在收益情境下度量的）决定了个人最终的保险购买决策，再次证实了假设 4-1。与保险点击行为相似，本书发现越模糊性厌恶的个人越倾向于购买大病商业保险。

在表 4-16 中，本书将展示模糊性态度、风险态度（损失情境）与保险市场参与决策的回归结果，其中第（1）列和第（2）列中的被解释变量仍为保险点击，第（3）列和第（4）列中的被解释变量为保险购买。

**表 4-16　两变量组合回归：模糊性态度、风险态度（损失情境）与保险决策**

| 变量 | 保险点击 | 保险点击 | 保险购买 | 保险购买 |
|---|---|---|---|---|
| | Probit | Probit | Probit | Probit |
| | （1） | （2） | （3） | （4） |
| 模糊性厌恶_收益 | 0.5125 * <br>（1.95） | 0.4001 <br>（1.49） | 0.9303 ** <br>（2.32） | 1.0456 ** <br>（2.46） |
| 风险厌恶_损失 | 0.0433 <br>（0.38） | 0.0547 <br>（0.46） | 0.0009 <br>（0.01） | 0.0415 <br>（0.25） |
| 控制变量 | × | √ | × | √ |
| 观测值 | 502 | 475 | 502 | 475 |
| Pseudo $R^2$ | 0.0074 | 0.0407 | 0.0262 | 0.0666 |

注：括号内为 T 检验值，** 和 * 分别代表在 5% 和 10% 的显著性水平上显著。

回归结果如表 4-16 所示，发现是模糊性态度而不是损失情境下的风险态度决定了个人的保险市场参与行为，尤其是保险购买行为。

本书同时将模糊性厌恶_收益、模糊性厌恶_损失、风险厌恶_收益和风险厌恶_损失四个连续变量同时纳入回归分析中，使用 Probit 模型同时估计模糊性态度、风险态度对保险点击和保险购买行为的影响，回归结果如表 4-17 所示。在第（1）列和第（3）列中本书只引入四个连续变量，在第（2）列和第（4）列中进一步引入控制变量。第（1）列和第（2）列中的被解释变量为保险点击，第（3）列和第（4）列中的被解释变量为保险购买。

表4-17　　　　　　　四变量组合回归：模糊性态度、风险态度与保险决策

| 变量 | 保险点击 | 保险点击 | 保险购买 | 保险购买 |
| --- | --- | --- | --- | --- |
| | Probit | Probit | Probit | Probit |
| | （1） | （2） | （3） | （4） |
| 模糊性厌恶_收益 | 1.1722 *** | 0.9509 ** | 0.6796 | 0.8703 * |
| | (2.78) | (2.23) | (1.27) | (1.65) |
| 模糊性厌恶_损失 | 0.2551 | 0.4419 | -0.4598 | -0.5118 |
| | (0.68) | (1.17) | (-0.99) | (-1.11) |
| 风险厌恶_收益 | -0.0138 | -0.016 | 0.1369 | 0.1203 |
| | (-0.08) | (-0.09) | (0.60) | (0.50) |
| 风险厌恶_损失 | -0.0416 | -0.0939 | 0.3020 | 0.3182 |
| | (-0.25) | (-0.54) | (1.33) | (1.38) |
| 控制变量 | × | √ | × | √ |
| 观测值 | 255 | 242 | 255 | 242 |
| Pseudo R$^2$ | 0.0423 | 0.0717 | 0.0341 | 0.0544 |

注：括号内为T检验值，***，** 和 * 分别代表在1%，5%和10%的显著性水平上显著。

回归结果如表4-17所示，平均来看，在引入性别等控制变量、态度利用连续变量进行刻画时，在第（2）列中模糊性厌恶_收益的回归估计系数在5%的水平上显著为正，模糊性厌恶_收益每增加一个标准差（0.24），用户点击保险链接的概率提高6.74个百分点，约占样本均值的9.24%。此外，第（4）列中模糊性厌恶_收益的回归估计系数在10%的水平上显著为正，模糊性厌恶_收益每增加一个标准差（0.24），用户购买大病保险的概率提高2.91个百分点，约占样本均值的44.92%。

因此，上述结果再次从一定程度上证实了假设4-1，即是模糊性厌恶（在收益情境下度量的）而不是风险厌恶决定了个人的保险购买决策，越模糊性厌恶的个人越倾向于购买保险。此外，同时引入收益情境和损失情境下的四个态度后，本书发现仍然是收益情境下的模糊性态度起着主要作用。

### 4.4.3　模糊性态度、风险态度与保险市场参与的稳健性检验

虽然在上述回归中本书证实了模糊性厌恶与个人保险市场参与决策的关

系，但是仍需要说明通过调查问卷度量的模糊性厌恶是有效和可靠的。大量文献表明，受试者经常对关于偏好的重要问题给出不一致的回答（Harless and Camerer，1994；Hey and Orme，1994），为此本书参考迪莫克等（2016a）在对用户的态度进行度量后增设两个检查问题，用来测试用户选择是否是一致的，在答案不一致的人群中可能模糊性厌恶和风险厌恶估计的测量误差更大。

　　为此，本书在表 4 - 18 中引入对模糊性态度和风险态度进行提问时用户回答问题的一致性情况。其中 Panel A 汇报了模糊性厌恶、收益情境下度量的风险厌恶与保险行为的关联，Panel B 汇报了模糊性厌恶、损失情境下度量的风险厌恶与保险行为的关联；第（1）列和第（2）列中的被解释变量为是否点击保险链接，第（3）列和第（4）列中的被解释变量为是否购买保险，均用 Probit 模型进行估计；第（1）列和第（3）列只引入模糊性厌恶和风险厌恶及其问题回答一致性变量，第（2）列和第（4）列还引入性别、年龄、教育程度、健康状况、是否有社保和此前是否购买过商业保险等控制变量。

表 4 - 18　　模糊性厌恶、风险厌恶与保险决策（引入问题回答一致性）

Panel A：模糊性厌恶与风险厌恶（收益情境）

| 变量 | 保险点击 | 保险点击 | 保险购买 | 保险购买 |
| --- | --- | --- | --- | --- |
| | Probit | Probit | Probit | Probit |
| | （1） | （2） | （3） | （4） |
| 模糊性厌恶_收益 | 0.6698 ** <br> (2.51) | 0.5488 ** <br> (1.97) | 0.7296 * <br> (1.85) | 0.7129 * <br> (1.75) |
| 风险厌恶_收益 | - 0.1647 <br> ( - 1.16) | - 0.1265 <br> ( - 0.89) | 0.0271 <br> (0.15) | 0.0743 <br> (0.41) |
| 一致性_模糊性_收益 | 0.0284 <br> (0.20) | 0.0297 <br> (0.21) | 0.1266 <br> (0.69) | 0.1793 <br> (0.95) |
| 一致性_风险_收益 | 0.1783 <br> (1.09) | 0.1395 <br> (0.84) | - 0.0528 <br> ( - 0.26) | - 0.1214 <br> ( - 0.59) |
| 控制变量 | × | √ | × | √ |
| 观测值 | 514 | 489 | 514 | 489 |
| Pseudo $R^2$ | 0.0138 | 0.0279 | 0.0182 | 0.0632 |

续表

Panel B：模糊性厌恶与风险厌恶（损失情境）

| 变量 | 保险点击 | 保险点击 | 保险购买 | 保险购买 |
|---|---|---|---|---|
| | Probit | Probit | Probit | Probit |
| | （1） | （2） | （3） | （4） |
| 模糊性厌恶_收益 | 0.5051 *<br>（1.93） | 0.3870<br>（1.44） | 0.9301 **<br>（2.33） | 1.0381 **<br>（2.46） |
| 风险厌恶_损失 | − 0.0015<br>（− 0.01） | 0.0019<br>（0.01） | − 0.0525<br>（− 0.26） | 0.0045<br>（0.02） |
| 一致性_模糊性_收益 | 0.0053<br>（0.04） | − 0.0029<br>（− 0.02） | − 0.1946<br>（− 0.90） | − 0.1734<br>（− 0.78） |
| 一致性_风险_损失 | − 0.0920<br>（− 0.65） | − 0.1068<br>（− 0.73） | − 0.1006<br>（− 0.47） | − 0.0711<br>（− 0.33） |
| 控制变量 | × | √ | × | √ |
| 观测值 | 502 | 475 | 502 | 475 |
| Pseudo $R^2$ | 0.0081 | 0.0416 | 0.0308 | 0.0698 |

注：括号内为 T 检验值，** 和 * 分别代表在 5% 和 10% 的显著性水平上显著。

回归结果如表 4 - 18 所示，Panel A 和 Panel B 的区别在于风险态度是在收益情境下还是在损失情境下度量的。本书先来看 Panel A 中模糊性厌恶、收益情境下度量的风险厌恶与保险行为的回归结果，在引入性别等控制变量前和引入性别等控制变量后，第（1）列和第（2）列中在收益情境下模糊性厌恶_收益的回归估计系数均在 5% 的水平上显著为正，说明在引入回答问题一致性变量后仍不改变模糊性态度对保险点击的影响；第（4）列收益情境下模糊性厌恶_收益的回归估计系数仍在 10% 的水平上显著为正，同时系数估计的绝对值略高于不引入回答问题一致性的结果，说明当考虑到测量偏误后，模糊性厌恶对保险购买的影响在经济意义上也没有显著变化。

当风险态度通过损失情境进行度量时，模糊性厌恶、损失情境下度量的风险厌恶与保险行为的回归结果如 Panel B 所示。整体来看，在引入问题回答一致性变量后，仍然证实了是模糊性态度而不是风险态度决定了个人的保险购买行为，此时在第（3）列和第（4）列中发现模糊性厌恶_收益的回归估计系数均在 5% 的水平上显著为正。同时在 Panel A 和 Panel B 中问题回答一致性的回归估计系数均不显著。

还有一些居民本身的特征可能会使估计出现偏差，需要逐一进行讨论。一方面，居民的健康程度可能会对结果产生干扰：健康程度差的个体模糊性厌恶系数更高，同时更愿意通过购买保险来规避风险。但是在表 4 - 6 和表 4 - 7 中，健康程度与模糊性厌恶相关性的绝对值小于 0.05，且在统计意义上并不显著，从而排除了健康因素的干扰。另一方面，居民本身的收入水平可能会对结果产生干扰：收入越高的个体模糊性厌恶系数越高，越愿意通过购买保险来规避风险。但是在表 4 - 6 和表 4 - 7 中，个体收入水平与模糊性厌恶相关性很低，且在统计意义上并不显著，因此排除了个体收入因素的干扰。

## 4.4.4　信任程度与居民金融决策

本节将对假设 4 - 2a 和假设 4 - 2b 展开验证，探究模糊性态度对保险市场参与在信任程度不同的人群中的异质性。信任不仅包括个人对自我评价的信任程度，也包括个人对平台的信任程度。为此，本节将分别对这两个维度的信任展开讨论，依次探究其对金融决策的影响。

1. 自评价信任程度

本节尝试对自我评价信任程度对金融决策的影响程度进行检验。具体地，本书根据用户自评价对"您能够相信身边的大多数人"这句话的认同程度，将人群分成两组，其中回答"十分同意""比较同意"和"无所谓同意不同意"的用户被划分到"信任程度高"组，回答"不同意"和"非常不同意"的用户则被划分到"信任程度低"组。表 4 - 19 为利用收益情境下的模糊性厌恶度量的回归结果。其中第（1）列和第（3）列中的被解释变量为是否点击保险链接，第（2）列和第（4）列中的被解释变量为是否购买保险，均使用 Probit 模型进行估计。

表 4 - 19　　　　按照信任程度分样本回归：模糊性厌恶与保险决策

| 变量 | 信任程度高 | | 信任程度低 | |
|---|---|---|---|---|
| | 保险点击 | 保险购买 | 保险点击 | 保险购买 |
| | Probit | Probit | Probit | Probit |
| | （1） | （2） | （3） | （4） |
| 模糊性厌恶_收益 | 0.4153* | 0.8679** | - 0.5559 | 0.6141 |
| | (1.82) | (2.23) | ( -0.97) | (0.84) |

| 变量 | 信任程度高 | | 信任程度低 | |
| --- | --- | --- | --- | --- |
| | 保险点击 | 保险购买 | 保险点击 | 保险购买 |
| | Probit | Probit | Probit | Probit |
| | （1） | （2） | （3） | （4） |
| 性别 | -0.1901*<br>(-1.68) | -0.1506<br>(-0.85) | -0.1396<br>(-0.52) | -0.2779<br>(-0.96) |
| 年龄 | 0.0161***<br>(3.06) | 0.0243***<br>(3.49) | 0.0044<br>(0.33) | 0.0199<br>(1.31) |
| 教育水平 | -0.0253<br>(-0.54) | 0.0774<br>(1.15) | 0.1559<br>(1.14) | 0.1334<br>(0.89) |
| 健康程度 | 0.0164<br>(0.24) | -0.0874<br>(-0.84) | 0.1081<br>(0.68) | 0.6674***<br>(3.11) |
| 社会保险 | 0.0138<br>(0.11) | 0.0317<br>(0.15) | -0.3339<br>(-1.19) | 0.1541<br>(0.42) |
| 商业保险 | -0.2536**<br>(-2.05) | 0.112<br>(0.63) | -0.5249**<br>(-2.09) | -0.0518<br>(-0.15) |
| 观测值 | 594 | 594 | 128 | 128 |
| Pseudo $R^2$ | 0.0310 | 0.0956 | 0.0645 | 0.1200 |

注：括号内为 T 检验值，***，** 和 * 分别代表在 1%，5% 和 10% 的显著性水平上显著。

利用收益情境下的模糊性厌恶度量的回归结果如表 4-19 所示，发现模糊性厌恶对保险点击、保险点击次数和保险购买行为的影响主要集中在信任程度高的群体中，从而证实了假设 4-2a 成立，背后的原因是越容易相信他人的人在面对线上保险产品时会持有更信任的态度。

具体来看，第（1）列中在收益情境下模糊性厌恶_收益的回归估计系数仍在 10% 的水平上显著为正，其中模糊性厌恶_收益每增加一个标准差（0.24），用户点击大病保险的概率将会提高 3.30 个百分点，约占样本均值的 4.52%；第（2）列中在收益情境下模糊性厌恶_收益的回归估计系数仍在 5% 的水平上显著为正，其中模糊性厌恶_收益每增加一个标准差（0.24），用户购买大病保险的概率将会提高 2.34 个百分点，约占样本均值的 36.13%。

2. 对平台的信任程度

在本部分，本书将从个人对平台的信任程度的角度出发探究信任程度不同的人群模糊性厌恶对其保险参与行为的影响。为了全面衡量个人对平台的信任程度，本书将选取近三月内捐款次数和近三月内捐款金额两个变量，逐个对比两种衡量方式下的回归结果。

　　下面将用捐赠行为来刻画用户对平台的信任程度。以近三月内捐款次数来刻画信任程度的回归结果如表 4-20 所示，根据用户近三个月内捐款的次数，本书将人群分成两组：近三月内捐赠次数大于 0（见第（1）列和第（2）列）和近三月内捐赠次数等于 0（见第（3）列和第（4）列）。其中第（1）列和第（3）列中的被解释变量为是否点击保险链接，第（2）列和第（4）列中的被解释变量为是否购买保险，均使用 Probit 模型进行估计。

表 4-20　　　　按照捐赠次数分样本回归：模糊性厌恶与保险决策

| 变量 | 近三月内捐赠次数 >0 | | 近三月内捐赠次数 =0 | |
| --- | --- | --- | --- | --- |
| | 保险点击 | 保险购买 | 保险点击 | 保险购买 |
| | Probit | Probit | Probit | Probit |
| | (1) | (2) | (3) | (4) |
| 模糊性厌恶_收益 | 0.2811 | 1.1650 ** | 0.2632 | 0.5244 |
| | (0.83) | (2.26) | (0.98) | (1.29) |
| 性别 | -0.1121 | -0.1505 | -0.2451 * | -0.1898 |
| | (-0.63) | (-0.65) | (-1.93) | (-0.97) |
| 年龄 | 0.0192 ** | 0.0294 *** | 0.0103 * | 0.0135 * |
| | (2.17) | (3.00) | (1.77) | (1.66) |
| 教育水平 | -0.0212 | 0.0092 | 0.0224 | 0.1668 ** |
| | (-0.28) | (0.10) | (0.41) | (2.02) |
| 健康程度 | -0.0083 | 0.0914 | 0.0597 | -0.0004 |
| | (-0.08) | (0.64) | (0.77) | (-0.00) |
| 社会保险 | -0.0981 | -0.1348 | 0.0062 | 0.2911 |
| | (-0.50) | (-0.52) | (0.05) | (1.22) |
| 商业保险 | -0.1674 | 0.1432 | -0.3630 *** | -0.0723 |
| | (-0.85) | (0.65) | (-2.74) | (-0.35) |
| 观测值 | 260 | 260 | 462 | 462 |
| Pseudo R$^2$ | 0.0316 | 0.1009 | 0.0268 | 0.0655 |

　　注：括号内为 T 检验值，***，** 和 * 分别代表在 1%，5% 和 10% 的显著性水平上显著。

利用收益情境下的模糊性厌恶度量的回归结果如表 4 - 20 所示，发现模糊性厌恶对保险购买行为的影响主要集中在信任程度高的群体中，从而在一定程度上证实了假设 4 - 2b 的成立，背后的原因是曾在平台捐款过的人群容易相信线上的保险产品。具体来看，第（2）列中在收益情境下模糊性厌恶_收益的回归估计系数仍在 5% 的水平上显著为正，其中模糊性厌恶_收益每增加一个标准差（0.24），用户购买大病保险的概率将会提高 4.33 个百分点，约占样本均值的 66.77%，显著高于全样本回归的影响。

下面将用捐赠金额进一步刻画用户对平台的信任程度，本书根据捐款金额将人群分成两组：近三月内捐赠次数高于 10 元和近三月内捐赠次数小于等于 10 元。回归结果如表 4 - 21 所示，仍使用收益情境下的模糊性厌恶度量方式。

表 4 - 21　　　　按照捐赠金额分样本回归：模糊性厌恶与保险决策

| 变量 | 近三月内捐赠金额 > 10 元 | | 近三月内捐赠次数 ≤ 10 元 | |
|---|---|---|---|---|
| | 保险点击 | 保险购买 | 保险点击 | 保险购买 |
| | Probit | Probit | Probit | Probit |
| | （1） | （2） | （3） | （4） |
| 模糊性厌恶_收益 | 0.4134<br>(1.14) | 1.0809 *<br>(1.86) | 0.2143<br>(0.84) | 0.6781 *<br>(1.72) |
| 性别 | − 0.2334<br>( − 1.17) | − 0.3067<br>( − 1.28) | − 0.1940<br>( − 1.59) | − 0.0989<br>( − 0.52) |
| 年龄 | 0.0172 *<br>(1.77) | 0.0384 ***<br>(3.84) | 0.0120 **<br>(2.15) | 0.0095<br>(1.19) |
| 教育水平 | 0.0144<br>(0.17) | 0.0747<br>(0.75) | 0.0168<br>(0.33) | 0.1277<br>(1.63) |
| 健康程度 | − 0.0735<br>( − 0.61) | 0.1087<br>(0.70) | 0.0697<br>(0.93) | − 0.0290<br>( − 0.24) |
| 社会保险 | − 0.2371<br>( − 1.08) | − 0.2247<br>( − 0.81) | 0.0426<br>(0.32) | 0.2731<br>(1.22) |
| 商业保险 | − 0.1529<br>( − 0.72) | 0.2551<br>(1.07) | − 0.3470 ***<br>( − 2.71) | − 0.1488<br>( − 0.73) |
| 观测值 | 224 | 224 | 498 | 498 |
| Pseudo $R^2$ | 0.0409 | 0.1385 | 0.0234 | 0.0495 |

注：括号内为 T 检验值，***，** 和 * 分别代表在 1%，5% 和 10% 的显著性水平上显著。

利用收益情境下的模糊性厌恶度量的回归结果如表4-21所示，发现在两组样本中模糊性厌恶均影响着保险购买决策，但是在捐款金额高的人群中模糊性态度对保险购买决策的影响在经济维度上更显著，说明越信任平台的用户，模糊性态度起主导作用的程度越大。

具体地，第（2）列中在收益情境下模糊性厌恶_收益的回归估计系数在10%的水平上显著为正，其中模糊性厌恶_收益每增加一个标准差（0.24），用户购买大病保险的概率将会提高4.04个百分点，约占样本均值的62.40%；第（4）列中在收益情境下模糊性厌恶_收益的回归估计系数在10%的水平上显著为正，其中模糊性厌恶_收益每增加一个标准差（0.24），用户购买大病保险的概率将会提高1.67个百分点，约占样本均值的25.69%。

## 4.4.5 购买力水平与居民金融决策

本节将对假设4-3进行讨论，探究模糊性态度对保险市场参与在家庭收入不同的人群中的异质性影响。参考样本家庭月收入的中位数，将样本按照月收入分为高于6 000元和小于等于6 000元两组，其中前两列为高收入样本，后两列为低收入样本。表4-22分别在收益情境下和损失情境下对模糊性厌恶进行度量。其中第（1）列和第（3）列中的被解释变量为是否点击保险链接，第（2）列和第（4）列中的被解释变量为是否购买保险，均使用Probit模型进行估计。

**表4-22    按照家庭收入分样本回归：模糊性厌恶与保险决策**

| 变量 | 家庭月收入 >6 000元 | | 家庭月收入 ≤6 000元 | |
|---|---|---|---|---|
| | 保险点击 | 保险购买 | 保险点击 | 保险购买 |
| | Probit | Probit | Probit | Probit |
| | （1） | （2） | （3） | （4） |
| 模糊性厌恶_收益 | 0.7894 ** <br>(2.46) | 1.7480 *** <br>(2.94) | -0.1171 <br>(-0.41) | 0.1551 <br>(0.41) |
| 性别 | -0.1745 <br>(-1.18) | -0.2435 <br>(-1.08) | -0.2269 <br>(-1.57) | -0.1213 <br>(-0.59) |
| 年龄 | 0.0110 <br>(1.62) | 0.0398 *** <br>(4.45) | 0.0163 ** <br>(2.30) | 0.0070 <br>(0.74) |

续表

| 变量 | 家庭月收入 >6 000 元 | | 家庭月收入 ≤6 000 元 | |
| --- | --- | --- | --- | --- |
| | 保险点击 | 保险购买 | 保险点击 | 保险购买 |
| | Probit | Probit | Probit | Probit |
| | （1） | （2） | （3） | （4） |
| 教育水平 | 0.0080 | 0.0306 | 0.0033 | 0.1247 |
| | (0.13) | (0.36) | (0.05) | (1.34) |
| 健康程度 | 0.0391 | 0.0113 | 0.0132 | 0.0565 |
| | (0.39) | (0.09) | (0.16) | (0.43) |
| 社会保险 | 0.0537 | 0.2781 | −0.0915 | −0.0557 |
| | (0.31) | (0.84) | (−0.61) | (−0.26) |
| 商业保险 | −0.2047 | 0.1915 | −0.4261*** | −0.0331 |
| | (−1.37) | (0.80) | (−2.60) | (−0.15) |
| 观测值 | 353 | 353 | 369 | 369 |
| Pseudo $R^2$ | 0.0300 | 0.0002 | 0.0359 | 0.0149 |

注：括号内为 T 检验值，*** 和 ** 分别代表在 1% 和 5% 的显著性水平上显著。

回归结果如表 4 – 22 所示，发现模糊性厌恶对保险市场参与行为的影响主要集中在高收入群体中，证实了假设 4 – 3 成立，背后的原因是有购买能力的个人才更会考虑去规避负面不确定性。具体来看，第（1）列在收益情境下模糊性厌恶_收益的回归估计系数在 5% 的水平上显著为正，其中模糊性厌恶_收益每增加一个标准差，用户点击大病保险的概率将会提高 6.27 个百分点，约占样本均值的 8.58%；第（2）列中在收益情境下模糊性厌恶_收益的回归估计系数在 1% 的水平上显著为正，其中模糊性厌恶_收益每增加一个标准差，用户购买大病保险的概率将会提高 4.78 个百分点，约占样本均值的 73.79%。

## 4.5　本 章 小 结

本章利用某线上平台测量个人面对不确定时的态度，包括收益情境和损失情境的模糊性态度和风险态度，一方面在前人的文献基础上（Cohen et al.，1985；Cohen et al.，1987）比较人们在收益情境下的模糊性态度和损失情境下的模糊性态度是否存在差异，另一方面对金融决策过程中模糊性态度和风险态度究竟谁起着主导作用进行讨论。

　　首先，对比收益情境的模糊性态度和损失情境的模糊性态度，发现收益情境下人群平均是模糊性厌恶的，均值为 0.02，然而在损失情境下人群平均是模糊性偏好的，均值为 -0.09。这一结果和风险态度类似，人们在收益情境下平均表现为风险厌恶，在损失情境下平均表现为风险偏好。

　　其次，本章对核心问题进行实证检验，发现是模糊性厌恶而不是风险厌恶决定了个人的保险市场参与决策，尤其决定了是否点击保险和是否购买保险的行为，同时越模糊性厌恶的个人越倾向于了解保险产品，利用收益情境下的模糊性厌恶指标度量其影响程度的统计结果更加显著。此外，本章对可能引起偏差的因素进行讨论，比如问题回答是否一致和健康程度等个人特征，并逐一排除这些因素的干扰，证明结果的稳健性。

　　最后，本章对结果的异质性进行讨论，发现模糊性厌恶对保险点击和保险购买行为的影响主要集中在自评价信任程度高和对平台信任度更高的群体中，可能的原因是信任程度更高的个人倾向于信任线上平台的保险产品并购买。同时，发现模糊性厌恶对保险市场参与行为的影响主要集中在高收入群体中，背后的原因是有购买能力的个人才更会考虑规避负面不确定性。

# 第5章　金融决策的外驱动：提供认知教育能改变金融决策吗

## 5.1　本章引论

在第4章中，本书发现个人的内在特征（如模糊性态度）会对金融决策产生影响，除了内在驱动因素外，金融决策能否被外在驱动因素改变？具体地，提供认知教育等方式能否通过改变居民的认知从而有效改善居民的行为？本章将试图回答提供信息干预或进行教育能否改变个人的信念从而影响个人的决策。

萨维奇（1954）对早期的贝叶斯决策理论进行完善，为决策者在面对不确定情况下如何进行判断和选择奠定了理论基础，之后又发展成证据决策理论以及因果决策理论。大量的理论和实证文献对信念是如何形成或更新进行探究（Dominitz and Manski，1997；Manski，2004）。奥斯特等（Oster et al.，2013）对个人是否进行基因检测的决定进行探究，同时发现未对亨廷顿病（Huntington Disease）进行基因检测的个人对自己的健康表现出更乐观的信念。兰格（Lange，2011）发现教育程度较高的个人在清楚癌症风险时会综合考虑风险因素，行为更容易变化，会采取癌症筛查等预防行为。

信息的提供能否改变个人的金融决策？从政策的角度来看，探究提供信息教育方式的潜在影响是十分重要的。不少学者由此展开讨论，大多数研究证实了信息提供的积极影响（Bernheim and Garrett，2003；Duflo and Saez，2003；Goda et al.，2014；Liebman and Luttmer，2015）。有研究发现提供信息对居民是否参与某税收递延账户（Tax-deferred account，TDA）退休计划有直接且显著的影响（Duflo and Saez，2003）；有研究发现在进行金融教育后，居民关于退休的储蓄决策会更合理（Bernheim and Garrett，2003）；有研究发现对老年工作人群提供的关键社会保障信息能够有效提高群体的劳动参与率（Liebman and Luttmer，2015）；还有研究发现工人在接受社保声明的信息后其期望和行为并没有发生改变，只有特定的信息提供方式或对特定人群提供信息才能奏效，例如通过研讨会的形式会比书面形式更有效（Mastrobuoni，2011），此外，信息提供的频率、显著程度和简洁性会影响效果（Bhargava and Manoli，2015）。

一个十分重要的研究问题是：通过线上的方式提供信息能否影响或改变个人的决策并最终提高生活质量？比如，在提供癌症发生和癌症死亡的相关信息后，个人购买大病保险的意愿是否能显著提高？

此外，影响教育效果的因素有很多，学者们对此进行研究，发现年龄（Bai et al.，2021；Giles et al.，2021）、家庭收入波动（胡振和臧日宏，2016）、风险态度（周弘，2015）以及同伴效应（Godlonton and Thornton，2012）等因素均会对教育效果产生影响。根据阿杰恩（Ajzen，1991）的计划行为理论，态度对个人的行为影响很大（Theory of Planned Behavior），很多学者证实了这一理论在金融领域的普遍性（Xiao and Wu，2008；Shim et al.，2008；Caplescu，2014）。在第 4 章中，本书也已经发现模糊性态度影响着保险市场参与决策，越模糊性厌恶的个体越倾向于购买大病保险，以此来规避不确定性。那么，人们的模糊性态度是否会影响金融教育的效果？即是否模糊性态度不同的人群在接收大病信息后的反应存在差异？此前学者对这一方面的研究较少，本章同样尝试弥补这一空白，从模糊性态度和风险态度的角度出发讨论大病认知教育影响不同家庭大病保险市场参与的非对称性。

本章通过某线上平台进行田野实验的方式进行探究，实验的设计详见第 3 章，将评估对负面风险信息的匮乏会如何影响居民的商业保险市场参与决策，并评估提供有关大病的负面风险信息后处理效应（Treatment Effect）的大小，同时会进一步对比处理效应在对大病风险认知程度不同的人群中的差异，包括认知模糊个体、乐观个体和悲观个体等。

通过对强制教育组和对照组的 2 575 个样本进行探究，本章首先探究认知教育的加总影响，发现接受大病发生和大病死亡信息的用户的保险购买率有一定程度的提高。其次，进一步对比居民认知的改变和居民学习的主动性对教育效果的影响，发现对低估不确定性的人进行认知教育能够显著改变其保险市场参与行为，尤其是保险购买行为；同时，居民学习的主动性能够显著影响认知教育的效果，保险点击行为和保险购买行为都明显增多。最后，本书对认知教育在不同模糊性态度和风险态度人群中是否存在异质性进行检验，发现认知教育主要集中在模糊性偏好的人群中。

# 5.2 研 究 假 设

各国面临的一个共性问题是大部分居民的金融素养有限，不足以支撑个人作出合理的金融决策（Lusardi and Mitchell，2007；Christelis et al.，2010；尹志超等，2014；吴卫星等，2018）。那么，金融决策能否通过接受外在的信息或教育而发生改变？学者们对此持有不同的态度和观点（Bernheim and Garrett，2003；Duflo and Saez，2003；Mastrobuoni，2011；Goda et al.，2014；Bhargava and Manoli，2015；Liebman and Luttmer，2015）。本章的核心研究问题是：提供认知教育能否改变居民的保险市场参与决策？具体地，通过对居民进行大病认知相关教育能否提高居民购买大病保险的意愿？基于上述分析，本书提出如下对立的假设。

假设 5 - 1a：总体来看，对居民进行大病认知教育能够提高其保险市场参与意愿。

假设 5 - 1b：总体来看，对居民进行大病认知教育不能提高其保险市场参与意愿。

居民本身的知识水平会影响金融教育的效果（Wagner，2019）。那么，居民对大病的认知程度很可能也会影响认知教育的效果，本书通过引导用户作答的方式来对其进行教育，通过用户的回答能够观测到用户在接收信息前对大病认知的相关信念，包括认知模糊、认知有偏中的乐观或悲观等。理论上，信息提供对个人行为决策的改变是通过改变个人的信念导致的（Dominitz and Manski，1997；Manski，2004），只有接收新信息后个人的行为才有可能改变（Boozer and Philipson，2000）。因此，信息提供可能对认知模糊和认知有偏中乐观群体的教育效果更加显著，为此本书提出如下假设。

假设 5 - 2a：对原本认知模糊和认知有偏中乐观的个体进行教育的效果更好。

假设 5 - 2b：仅对原本认知模糊的居民进行大病认知教育有效。

假设 5 - 2c：仅对认知有偏中乐观的群体进行教育有效。

主动学习与被动学习不同，在主动学习的过程中，个人会积极参与到学习过程中，同时积极进行思考（Prince，2004），学习的主动性同样会影响学习的效果（Cohn et al.，1994；Prince，2004；Tur et al.，2005）。为了区别用户主动学习的积极程度，本书在对居民进行大病认知教育后呈现一个"查看更多关于癌症的小科普"的链接，用户可自行决定是否点击并查看，对于点击并查看的用户，本书将其归为学习主动性较强的群体；对于未点击的用户，本书将其划归到学习主动性较弱的群体，并对比大病认知教育对这两类群体保险市场参与行为的影响，由此提出假设 5 - 3。

假设 5 - 3：对学习主动性更强的居民提供大病认知教育后的效果更好。

此外，认知教育的效果在不同模糊性态度和风险态度的人群中是否存在差异？换言之，不同模糊性态度和风险态度的人群在接收信息后的反应是否相同？决策者的模糊性态度是一种个人特征（Al-Najjar and Weinstein，2009），具体分为模糊性厌恶、模糊性中性和模糊性偏好。对模糊性持不同态度的人群面对大病认知教育的反应是否存在差异？哪类人群在接收大病负面信息后更会考虑规避风险？在后面的实证检验部分，本书会具体探究三类不同模糊性态度的家庭如何看待教育的作用，持有模糊性偏好或模糊性中性态度的人在接受教育后信念是否更容易发生改变？为此，本书提出假设 5 - 4a 和假设 5 - 4b。

假设 5 - 4a：对居民提供大病认知教育的效果主要集中在模糊性中性的人群中。

假设 5 - 4b：对居民提供大病认知教育的效果主要集中在模糊性偏好的人群中。

接下来，本书对风险态度进行检验，将人群按照风险态度分类，具体分为风险厌恶和风险偏好两个群体，同时对比在这两类人群中认知教育的作用是否存在差异，并提出假设 5 - 5a 和假设 5 - 5b。

假设 5 - 5a：对居民提供大病认知教育的效果主要集中在风险厌恶的人群中。

假设 5 - 5b：对居民提供大病认知教育的效果主要集中在风险偏好的人群中。

为了对上述假设进行检验，本书采用 Probit 模型进行回归。首先，为了验证假设 5 - 1，探究提供大病认知教育对居民保险点击行为和保险购买行为的影响，本书利用 Probit 模型进行回归，回归模型如下：

$$Pr(Y_i = 1) = \Phi(\beta_0 + \beta_1 \times Treat_i + \varepsilon_i) \qquad (5-1)$$

其中，$Y_i$ 依次代表用户是否点击保险（点击为 1，不点击为 0）和是否购买保险（购买为 1，不购买为 0）；$Treat_i$ 代表用户是否接收大病认知信息，接收信息为 1，未接收信息为 0；$\varepsilon_i$ 为误差项。在式（5 - 1）中，如果 $\beta_1$ 显著大于

0，则说明认知教育能够提高其保险市场参与意愿，否则说明总体上来看效果并不显著。

为了检验假设5-2a、假设5-2b和假设5-2c，本书按照人群原本的大病认知水平将其分为四组：认知模糊（回答"不清楚"）（$j=1$）、乐观（回答"小于100万例"）（$j=2$）、正确回答"100万~1 000万例"（$j=3$）和悲观（回答"高于1 000万例"）（$j=4$），对四组分样本中认知教育对保险点击和保险购买的影响进行检验，对比各自 $Treat_{ji}$ 前的系数 $\beta_{j1}$。

为了检验假设5-3，本书在式（5-1）的基础上引入接收大病认知信息和是否点击查看更多小科普（$Addition_i$）的交乘项，如式（5-2）所示。

$$Pr(Y_i=1)=\Phi(\beta_0+\beta_1\times Treat_i+\beta_2\times Treat_i\times Addition_i+\varepsilon_i) \quad (5-2)$$

其中，$Y_i$ 依次代表用户是否点击保险和是否购买保险；$Treat_i$ 代表用户是否接收大病认知信息；$Addition_i$ 为是否点击查看更多小科普（点击为1，不点击为0）；$\varepsilon_i$ 为误差项。在式（5-2）中，如果 $\beta_2$ 显著大于0，则说明对学习主动性更强的居民提供大病认知教育后的效果越好。

为了检验假设5-4a、假设5-4b、假设5-5a和假设5-5b，本书仍用Probit模型进行回归，依次将人群分为模糊性厌恶组、模糊性中性组和模糊性偏好组，以及风险厌恶组和风险偏好组。为了检验对不同分组人群提供大病认知教育后的保险点击行为和保险购买行为，本书用式（5-1）进行分组回归。

## 5.3　研究样本

### 5.3.1　样本说明及变量概述

本章以第3章实验设计中直接呈现大病认知答案的实验组（强制教育组）和对照组的2 575个用户作为研究样本。变量包括通过问卷收集的个人信息、用户在平台的历史行为信息和用户在填写问卷后一周内的大病保险市场参与情况。被解释变量用来衡量金融决策（特指保险点击和保险购买决策），包括用户在一周内的保险点击情况和购买情况；解释变量为是否接受大病认知教育；个人层面的其他特征变量包括性别、年龄、教育程度、家庭月收入、健康状况、是否有社保、此前是否购买过商业保险、信任程度、历史捐款次数和历史捐款金额等。下面将会详细展开介绍。

## 5.3.2　描述性统计

在本部分中，本书将依次呈现人口统计学变量的统计分布描述、认知教育变量的统计分布和全变量的描述性统计，最后对实验组和对照组的用户特征进行随机性检验。

1. 人口统计学变量的统计分布

本节将介绍样本人口统计学特征的分布情况，依次列举用户的性别、年龄、教育程度、家庭月收入、健康状况、是否有社保、此前是否购买过商业保险和信任程度的分布情况，如表 5 - 1 所示。

表 5 -1　　　　　　　　　　实验对象人口统计学特征分布

| 性别 | 样本量 | 样本百分比（%） |
| --- | --- | --- |
| 女 | 1 096 | 42. 56 |
| 男 | 1 479 | 57. 44 |
| 年龄 | 样本量 | 样本百分比（%） |
| 18 岁以下 | 295 | 11. 46 |
| 18 ~ 25 岁 | 606 | 23. 53 |
| 26 ~ 30 岁 | 349 | 13. 55 |
| 31 ~ 35 岁 | 411 | 15. 96 |
| 36 ~ 40 岁 | 274 | 10. 64 |
| 41 ~ 50 岁 | 406 | 15. 77 |
| 51 ~ 60 岁 | 173 | 6. 72 |
| 60 岁以上 | 61 | 2. 37 |
| 教育程度 | 样本量 | 样本百分比（%） |
| 小学及以下 | 173 | 6. 72 |
| 初中 | 747 | 29. 01 |
| 高中/中专/技校/职高 | 743 | 28. 85 |
| 大专 | 403 | 15. 65 |
| 大学本科及以上 | 509 | 19. 77 |

续表

| 家庭月收入 | 样本量 | 样本百分比（%） |
|---|---|---|
| 小于 2 000 元 | 383 | 14.87 |
| 2 001～4 000 元 | 510 | 19.81 |
| 4 001～6 000 元 | 441 | 17.13 |
| 6 001～8 000 元 | 222 | 8.62 |
| 8 001～10 000 元 | 210 | 8.16 |
| 10 001～15 000 元 | 166 | 6.45 |
| 15 000 元以上 | 136 | 5.28 |
| 拒绝透露 | 507 | 19.69 |
| 健康状况 | 样本量 | 样本百分比（%） |
| 很健康 | 1 047 | 40.66 |
| 比较健康 | 861 | 33.44 |
| 一般 | 469 | 18.21 |
| 很不健康 | 76 | 2.95 |
| 不清楚 | 122 | 4.74 |
| 是否有社保 | 样本量 | 样本百分比（%） |
| 是 | 1 710 | 66.41 |
| 否 | 865 | 33.59 |
| 此前是否购买过商业保险 | 样本量 | 样本百分比（%） |
| 是 | 851 | 33.05 |
| 否 | 1 724 | 66.95 |
| 何时购买过商业保险 | 样本量 | 样本百分比（%） |
| 均购买过 | 227 | 26.64 |
| 新冠疫情前（2019 年及之前） | 526 | 61.74 |
| 新冠疫情后（2020 年之后） | 99 | 11.62 |
| 认同度：您能相信身边大多数人 | 样本量 | 样本百分比（%） |
| 十分同意 | 392 | 15.22 |
| 比较同意 | 1 064 | 41.32 |
| 无所谓同意不同意 | 636 | 24.70 |
| 不同意 | 337 | 13.09 |
| 非常不同意 | 119 | 4.62 |
| 不清楚 | 27 | 0.01 |

总体来看，表5-1中的人口统计学变量分布与表4-3类似。具体地，从性别变量来看，男性占比（57.44%）略高于女性占比（42.56%）；从年龄变量来看，整体呈纺锤型结构，18~50岁的用户占比较高，18岁以下和51岁以上的用户占比较低；从教育程度变量来看，最高学历为初中的占比最高（29.01%），之后依次为高中/中专/技校/职高（28.85%）、大学本科及以上（19.77%）、大专（15.65%）和小学及以下（6.72%）；从家庭月收入变量来看，除了19.69%的用户拒绝透露收入信息外，整体来看低收入人群占比更高，其中14.87%的人群家庭月收入低于2 000元，家庭月收入为2 001~4 000元、4 001~6 000元、6 001~8 000元、8 001~10 000元、10 001~15 000元和15 000元以上的占比依次下降，分别是19.81%、17.13%、8.62%、8.16%、6.45%和5.28%；从健康状况变量来看，除了4.74%人群回答不清楚外，自评价健康程度为很健康、比较健康、一般和很不健康的占比依次下降，分别是40.66%、33.44%、18.21%和2.95%；从社保变量来看，有社会保险的用户占比更高，大约为66.41%；从此前是否购买过商业保险变量来看，曾购买过商业保险的用户仅占33.05%，在这些人群中，61.74%在新冠疫情前购买过，11.62%在新冠疫情后购买过，在新冠疫情前后均购买过商业保险的人群占比为26.64%；从信任程度变量来看，关于对"您能相信身边大多数人"的认同程度划分，除了个别人回答不清楚外，回答"比较同意"的人数占比最高，为41.32%，回答"非常不同意"的人数占比最低，为4.62%。

2. 认知教育变量的统计分布

下面，本节将汇报个人在接受大病认知教育时对中国新发癌症和癌症死亡人数的初始认知水平和居民在认知教育部分是否点击查看更多关于癌症小科普的相关数据，关于认知教育变量的统计分布如表5-2所示。

表5-2 实验对象接受认知教育情况分布

| 2020年中国新发癌症为多少 | 样本量 | 样本百分比（%） |
| --- | --- | --- |
| 小于100万例 | 109 | 6.93 |
| 100万~1 000万例 | 343 | 21.82 |
| 高于1 000万例 | 208 | 13.23 |
| 不清楚 | 912 | 58.02 |

续表

| 2020年中国癌症死亡人数为多少 | 样本量 | 样本百分比（%） |
|---|---|---|
| 小于100万例 | 207 | 13.17 |
| 100万~1 000万例 | 348 | 22.14 |
| 高于1 000万例 | 155 | 9.86 |
| 不清楚 | 862 | 54.83 |
| 是否点击查看小科普 | 样本量 | 样本百分比（%） |
| 是 | 375 | 23.85 |
| 否 | 1 197 | 76.15 |

　　在"2020年中国新发癌症为多少"问题中，高达58.02%的用户回答"不清楚"，此外，6.93%的用户回答"小于100万例"，21.82%的用户回答"100万~1 000万例"，13.23%的用户回答"高于1 000万例"；在"2020年中国癌症死亡人数为多少"问题中，同样有高达54.83%的用户回答"不清楚"，13.17%的人群回答"小于100万例"，22.14%的用户回答"100万~1 000万例"，9.86%的用户回答"高于1 000万例"。在认知教育模块最后的小科普问题中，仅有23.85%的用户点击查看更多的大病科普小知识。

　　3. 全变量的描述性统计

　　类似地，将文本变量按照表4-4进行赋值，以便将人口统计学信息量化成数值变量。同时，为了控制极端值对实证结果的干扰，本书对近三个月捐款次数和近三个月捐款金额在双侧1%水平上进行缩尾处理，处理后的全变量描述性统计情况如表5-3所示。

表5-3　　　　　　　　解释变量和被解释变量的描述性统计

| 变量名称 | 样本数量 | 均值 | 标准差 | 最小值 | 最大值 |
|---|---|---|---|---|---|
| 保险点击 | 2 575 | 0.74 | 0.44 | 0.00 | 1.00 |
| 保险购买 | 2 575 | 0.08 | 0.27 | 0.00 | 1.00 |
| 性别 | 2 575 | 0.57 | 0.49 | 0.00 | 1.00 |
| 年龄 | 2 575 | 32.55 | 11.78 | 18.00 | 60.00 |
| 教育水平 | 2 575 | 3.13 | 1.22 | 1.00 | 5.00 |
| 健康程度 | 2 453 | 2.17 | 0.84 | 0.00 | 3.00 |

续表

| 变量名称 | 样本数量 | 均值 | 标准差 | 最小值 | 最大值 |
|---|---|---|---|---|---|
| 家庭月收入（万元） | 2 068 | 0.56 | 0.41 | 0.10 | 1.50 |
| 社会保险 | 2 575 | 0.66 | 0.47 | 0.00 | 1.00 |
| 商业保险 | 2 575 | 0.33 | 0.47 | 0.00 | 1.00 |
| 商业保险购买时间 | 852 | 2.15 | 0.60 | 1.00 | 3.00 |
| 信任程度 | 2 548 | 2.50 | 1.05 | 0.00 | 4.00 |
| 近三个月捐款次数 | 2 575 | 0.59 | 1.22 | 0.00 | 8.00 |
| 近三个月捐款金额（元） | 2 575 | 29.63 | 79.30 | 0.00 | 506.00 |
| I（模糊性厌恶_收益） | 1 753 | 0.08 | 0.75 | −1.00 | 1.00 |
| 模糊性厌恶_收益 | 1 753 | 0.02 | 0.24 | −0.44 | 0.47 |
| I（模糊性厌恶_损失） | 1 078 | −0.17 | 0.80 | −1.00 | 1.00 |
| 模糊性厌恶_损失 | 1 078 | −0.09 | 0.27 | −0.47 | 0.44 |
| I（风险厌恶_收益） | 1 493 | 0.23 | 0.97 | −1.00 | 1.00 |
| 风险厌恶_收益 | 1 493 | 0.17 | 0.53 | −0.41 | 1.00 |
| I（风险厌恶_损失） | 1 332 | −0.43 | 0.90 | −1.00 | 1.00 |
| 风险厌恶_损失 | 1 332 | −0.28 | 0.53 | −1.00 | 0.41 |

平均来看，74.36%的用户都点击了保险链接，7.77%的用户购买商业大病保险。另外，根据用户历史行为可知，超过半数的人在近期曾捐款过，具体来看，三个月内平均捐款次数为0.59，此外，三个月内平均捐款金额为29.63元。

4. 随机性检验

本节将对用户是否随机被分配到实验组和对照组进行检验，具体包括对直接呈现大病认知答案的实验组（即强制教育组）与对照组之间的随机性分配进行检验。具体地，本书对比了实验组和对照组的人口统计学变量（如性别、年龄、教育程度、家庭月收入、健康状况、是否有社保、此前是否购买过商业保险和信任程度）、个体在平台上的历史行为（包括近三个月捐款次数和近三个月捐款金额）和个体的模糊性态度和风险态度。随机性检验结果如表5-4所示，第（1）列为实验组的平均值和对应标准差，第（2）列为对照组的平均值和对应标准差，第（3）列为对照组与实验组差值的平均值和T值。

表 5 - 4 　　　　　　　　　　　　　实验组与对照组的随机性检验

| 变量 | 实验组 | 对照组 | 实验组 - 对照组 |
|---|---|---|---|
| | （1） | （2） | （3） |
| 性别 | 0.58<br>(0.49) | 0.57<br>(0.49) | 0.01<br>(0.17) |
| 年龄 | 32.54<br>(11.97) | 32.57<br>(11.48) | - 0.03<br>( - 0.07) |
| 教育水平 | 3.11<br>(1.24) | 3.15<br>(1.20) | - 0.03<br>( - 0.71) |
| 健康程度 | 2.15<br>(0.85) | 2.21<br>(0.83) | - 0.06*<br>( - 1.73) |
| 家庭月收入（万元） | 0.56<br>(0.41) | 0.56<br>(0.40) | - 0.00<br>( - 0.01) |
| 社会保险 | 0.67<br>(0.47) | 0.66<br>(0.47) | 0.01<br>(0.43) |
| 商业保险 | 0.32<br>(0.47) | 0.34<br>(0.47) | - 0.02<br>( - 0.90) |
| 商业保险购买时间 | 2.14<br>(0.62) | 2.17<br>(0.57) | - 0.03<br>( - 0.67) |
| 信任程度 | 2.48<br>(1.05) | 2.52<br>(1.06) | - 0.04<br>( - 0.90) |
| 近三个月捐款次数 | 0.59<br>(1.22) | 0.59<br>(1.22) | - 0.00<br>( - 0.04) |
| 近三个月捐款金额（元） | 30.39<br>(80.02) | 28.43<br>(78.17) | 1.96<br>(0.61) |
| 模糊性厌恶_收益 | 0.02<br>(0.24) | 0.02<br>(0.24) | - 0.00<br>( - 0.15) |
| 模糊性厌恶_损失 | - 0.09<br>(0.27) | - 0.09<br>(0.26) | 0.00<br>(0.14) |
| 风险厌恶_收益 | 0.15<br>(0.51) | 0.19<br>(0.55) | - 0.04<br>(1.35) |
| 风险厌恶_损失 | - 0.27<br>(0.54) | - 0.30<br>(0.52) | 0.03<br>(0.74) |

注：括号内为标准误，*代表在10%的显著性水平上显著。

在表 5 - 4 中，由第（3）列可知，对于性别、年龄、教育水平、家庭月收入、社会保险、商业保险、商业保险购买时间、信任程度、近三个月捐赠次数和捐赠金额以及收益情境和损失情境下的模糊性态度和风险态度变量，虽然实验组和对照组个别变量的均值存在细微差异，但统计上均不显著。但是自评价健康变量在实验组和对照组之间存在细微差别，两组均值之差为 - 0.06，对应的 T 值为 1.73，考虑到两组均值的绝对值之差较小，存在差异的原因可能是健康程度是自评价的，并不是绝对客观的，因此在接受大病认知教育部分的人群在健康自评价中会更加谨慎。

总之，通过对实验组和对照组的个体特征以及个体的模糊性态度和风险态度进行对比，整体上保证了实验设计的随机性。

## 5.4　实 证 检 验

本节将对认知教育的效果逐步展开实证检验，5.4.1 节将检验认知教育能否改变居民金融决策，5.4.2 节将检验认知教育在初始认知程度不同的人群中效果的差异，5.4.3 节将检验居民的主动学习态度对教育效果的差异，5.4.4 节将检验对不同模糊性态度人群进行教育的效果是否存在差异，5.4.5 节将检验对不同风险态度人群进行教育的效果。

为了初步检验提供认知教育的效果，排除没有接受认知教育信息部分群体的影响，本书在本部分中主要对直接呈现答案部分的实验组（强制教育的实验组）与对照组样本进行检验。

### 5.4.1　认知教育与居民金融决策

首先，本书对假设 5 - 1 进行检验，探究对居民提供大病认知教育能否提高其保险市场参与意愿。在展开实证回归前，本书首先查看直接呈现答案的实验组和对照组的金融决策结果，具体如图 5 - 1 所示，依次对比两组样本中的保险点击率（见图 5 - 1（a））和保险购买率（见图 5 - 1（b））。

初步发现，实验组用户的保险市场参与行为较对照组用户而言更加积极。就保险点击率来看，实验组的保险点击率为 75.32%，高于对照组的 72.88%；就保险购买率来看，实验组的保险购买率为 8.59%，高于对照组的 6.48%。

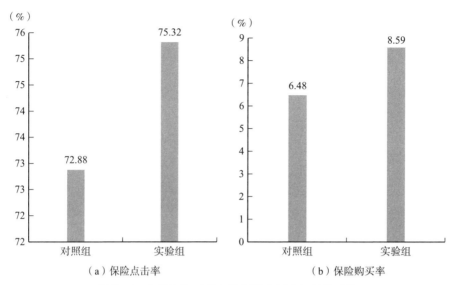

图 5-1   实验组和对照组的保险市场参与行为对比

下面，本书将对假设 5-1 进行实证检验，利用 Probit 模型估计认知教育对保险点击和保险购买的影响，认知教育对保险市场参与决策的回归结果如表 5-5 所示。

表 5-5                   认知教育与保险决策

| 变量 | 保险点击 | 保险购买 |
| --- | --- | --- |
| | Probit | Probit |
| | (1) | (2) |
| 认知教育 | 0.0753<br>(1.38) | 0.1491 *<br>(1.96) |
| 观测值 | 2 575 | 2 575 |
| Pseudo $R^2$ | 0.0006 | 0.0028 |

注：括号内为 T 检验值，＊代表在 10% 的显著性水平上显著。

回归结果如表 5-5 所示，总体来看，接受大病认知教育的个体更倾向于进入保险市场并在购买保险的决策上表现出明显的改变。具体来看，对于是否点击保险链接，认知教育的系数在经济意义上为正，但是在统计意义上不够显著；对于保险购买变量，在提供认知教育后，居民的保险购买率会显著提高，且在接近5%的水平上显著（T值为1.96），平均来看，个人接受有效的认知教育后保险购买率会提高2.16%，约占样本均值的28.05%。

## 5.4.2 居民认知水平与认知教育效果

本部分将验证居民对大病的原始认知程度是否会影响认知教育的效果，分别对比认知模糊、乐观和悲观等持有不同信念的人群在接受保险认知教育后其行为是否发生改变，依次见表5-6至表5-9。

表5-6为对回答"不清楚"的认知模糊的个体进行认知教育对决策影响的回归结果，其中Panel A为个人对中国新发癌症的认知程度，Panel B为个人对中国癌症死亡的认知程度，Panel C为个人对中国新发癌症和癌症死亡的认知至少有一个存在模糊性的回归结果。第（1）列和第（2）列中的被解释变量依次为保险点击和保险购买。

表5-6　　　　　认知模糊（回答"不清楚"）个体认知教育效果

| 变量 | 保险点击 | 保险购买 |
|---|---|---|
| | Probit | Probit |
| | （1） | （2） |
| Panel A：新发癌症认知教育 | | |
| 认知教育 | 0.0826<br>（1.33） | 0.1109<br>（1.29） |
| 观测值 | 1 915 | 1 915 |
| Pseudo $R^2$ | 0.0008 | 0.0017 |
| Panel B：癌症死亡认知教育 | | |
| 认知教育 | 0.0744<br>（1.18） | 0.1339<br>（1.54） |
| 观测值 | 1 865 | 1 865 |
| Pseudo $R^2$ | 0.0007 | 0.0024 |
| Panel C：新发癌症和癌症死亡认知教育 | | |
| 认知教育 | 0.0733<br>（1.21） | 0.1315<br>（1.56） |
| 观测值 | 1 989 | 1 989 |
| Pseudo $R^2$ | 0.0006 | 0.0023 |

注：括号内为T检验值。

　　根据表 5 - 6，在初始认知模糊的个人中，无论是关注新发癌症教育还是癌症死亡教育的回归结果中，认知教育在第（1）列和第（2）列的系数估计值在经济意义上均为正，在统计意义上虽没有在 10% 的水平上显著，但是在 Panel B 和 Panel C 中认知教育对保险购买估计值的 T 值均高于 1. 50，所以也在一定程度上说明了认知教育对认知模糊人群的行为存在一定影响，在下一章渠道检验中将具体探究哪种模糊性态度或哪种风险态度的人群在认知模糊时更容易被教育。

　　下面，本书聚焦认知有偏中的乐观部分样本，对教育的效果进行检验，回归结果如表 5 - 7 所示，Panel A、Panel B 和 Panel C 分别是个人对中国新发癌症问题、中国癌症死亡问题以及二者至少低估了一个不确定性的回归结果，第（1）列和第（2）列中的被解释变量同样依次为保险点击和保险购买。

表 5 - 7　　　　　认知有偏（回答小于 100 万例）个体认知教育效果

| 变量 | 保险点击 | 保险购买 |
|---|---|---|
| | Probit | Probit |
| | （1） | （2） |
| **Panel A：新发癌症认知教育** | | |
| 认知教育 | 0. 2259 | 0. 6475 *** |
| | (1. 58) | (4. 28) |
| 观测值 | 1 112 | 1 112 |
| Pseudo $R^2$ | 0. 0020 | 0. 0283 |
| **Panel B：癌症死亡认知教育** | | |
| 认知教育 | 0. 0314 | 0. 3445 *** |
| | (0. 30) | (2. 68) |
| 观测值 | 1 210 | 1 210 |
| Pseudo $R^2$ | 0. 0001 | 0. 0108 |
| **Panel C：新发癌症和癌症死亡认知教育** | | |
| 认知教育 | 0. 1261 | 0. 4328 *** |
| | (1. 30) | (3. 73) |
| 观测值 | 1 254 | 1 254 |
| Pseudo $R^2$ | 0. 0012 | 0. 0192 |

　　注：括号内为 T 检验值，*** 代表在 1% 的显著性水平上显著。

　　根据表 5 - 7，认知教育对这部分群体十分有效，在接受中国新发癌症或中国癌症死亡的更新信息后，大幅改变了居民的保险市场参与行为，尤其是保险购买行为，背后的原因可能是认知教育更新了个人认知，使这部分群体对大病发生和大病死亡有了更进一步的认识。具体来看，如 Panel A 所示，对初始低估中国新发癌症的个体进行教育后，个人保险购买率会提高 9.13%；如 Panel B 所示，对低估中国癌症死亡的个体进行教育后，个人保险购买率会提高 4.80%；如 Panel C 所示，对低估中国新发癌症或低估中国癌症死亡率的个体进行教育后，个人保险购买率会提高 6.30%。对比来看，更新中国新发癌症的信息似乎比更新中国癌症死亡的信息对改变个体保险市场参与行为的效果更加显著。

　　下面本书将对认知在正确范围内的个体教育效果进行检验，具体的回归结果如表 5 - 8 所示。Panel A、Panel B 和 Panel C 分别是个人对中国新发癌症问题、中国癌症死亡问题以及二者至少正确估计其中一个不确定性范围的回归结果，第（1）列和第（2）列中的被解释变量同样依次为保险点击和保险购买。

表 5 - 8　　　　　　　　正确回答 100 万 ~ 1 000 万例个体认知教育效果

| 变量 | 保险点击 | 保险购买 |
| --- | --- | --- |
| | Probit | Probit |
| | （1） | （2） |
| Panel A：新发癌症认知教育 | | |
| 认知教育 | 0.0722<br>(0.85) | 0.0396<br>(0.33) |
| 观测值 | 1 346 | 1 346 |
| Pseudo R$^2$ | 0.0005 | 0.0002 |
| Panel B：癌症死亡认知教育 | | |
| 认知教育 | 0.1300<br>(1.52) | 0.0941<br>(0.81) |
| 观测值 | 1 351 | 1 351 |
| Pseudo R$^2$ | 0.0015 | 0.0010 |
| Panel C：新发癌症和癌症死亡认知教育 | | |
| 认知教育 | 0.0729<br>(0.99) | 0.1358<br>(1.35) |
| 观测值 | 1 516 | 1 516 |
| Pseudo R$^2$ | 0.0006 | 0.0023 |

　　注：括号内为 T 检验值。

根据表5-8，对正确估计不确定性范围的个体进行教育的效果有限。从经济意义上看，对正确估计不确定性范围的个体再进行关于新发癌症和癌症死亡具体数字的认知教育对保险点击和保险购买都有一定的影响，但是在统计意义上并不显著。

接下来，本书将对高估大病样本的教育效果进行检验，探究当个体接收到关于大病发生及大病死亡可能性低于其初始认知的信息时，认知更新是否会影响个人的行为。具体的回归结果如表5-9所示。Panel A、Panel B 和 Panel C 分别是个人对中国新发癌症问题、中国癌症死亡问题以及二者至少高估其中一个不确定性范围的回归结果，第（1）列和第（2）列中的被解释变量同样依次为保险点击和保险购买。

表5-9　　　　　认知有偏（回答高于1 000万例）个体认知教育效果

| 变量 | 保险点击 | 保险购买 |
|---|---|---|
| | Probit | Probit |
| | （1） | （2） |
| Panel A：新发癌症认知教育 | | |
| 认知教育 | 0.0722<br>（0.85） | 0.0396<br>（0.33） |
| 观测值 | 1 346 | 1 346 |
| Pseudo $R^2$ | 0.0000 | 0.0012 |
| Panel B：癌症死亡认知教育 | | |
| 认知教育 | 0.0480<br>（0.50） | 0.0264<br>（0.19） |
| 观测值 | 1 351 | 1 351 |
| Pseudo $R^2$ | 0.0000 | 0.0001 |
| Panel C：新发癌症和癌症死亡认知教育 | | |
| 认知教育 | 0.0729<br>（0.99） | 0.1358<br>（1.35） |
| 观测值 | 1 516 | 1 516 |
| Pseudo $R^2$ | 0.0000 | 0.0014 |

注：括号内为 T 检验值。

　　根据表 5 - 9，本书发现对悲观个体进行教育的效果有限。具体来看，从经济意义上看，对初始对大病认知过于悲观的个体再进行关于新发癌症和癌症死亡的认知教育对保险点击和保险购买存在正向影响，但是在统计意义上并不显著。

　　综上，通过对人群进行分组回归，本书发现对低估大病危害的群体进行大病发生和大病死亡相关的认知教育能够显著改变其保险市场参与行为，尤其是保险购买行为，对初始认知模糊、认知正确和高估大病危害的人群进行大病认知教育的效果有限，证明假设 5 - 2c 成立。

## 5.4.3　居民学习的主动性与认知教育效果

　　居民学习的主动性是否会影响认知教育的效果？本书在本部分对假设 5 - 3 进行验证，以是否点击查看更多小科普的行为来衡量个人的学习主动性，回归结果如表 5 - 10 所示，第（1）列和第（2）列中的被解释变量依次为保险点击和保险购买。

表 5 - 10　　　　　　　　　查看小科普个体认知教育效果

| 变量 | 保险点击 | 保险购买 |
|---|---|---|
| | Probit | Probit |
| | （1） | （2） |
| 认知教育 | 0.0424 | 0.0286 |
| | （0.74） | （0.35） |
| 认知教育×点击查看小科普 | 0.1432 * | 0.4127 *** |
| | （1.73） | （4.23） |
| 观测值 | 2 575 | 2 575 |
| Pseudo $R^2$ | 0.0017 | 0.0151 |

　　注：括号内为 T 检验值，*** 和 * 分别代表在 1% 和 10% 的显著性水平上显著。

　　表 5 - 10 证实了居民学习的主动性的确会影响认知教育的效果。具体来看，在第（1）列和第（2）列中认知教育×点击查看小科普的系数估计均为正，且交乘项在第（2）列中在 1% 的统计水平上显著，说明居民学习的主动性能够显著影响认知教育的效果，保险点击行为和保险购买行为都大幅提升，证明假设 5 - 3 成立。此外，此时认知教育的估计值在统计学意义上并不显著，

故说明认知教育的效果主要集中在学习主动性高的人群中。

### 5.4.4　模糊性态度与认知教育效果

在本节中，本书将检验对不同模糊性态度人群进行教育的效果是否存在差异，在第 4 章中本书对比收益情境的模糊性态度和损失情境的模糊性态度，发现通过收益情境下度量的模糊性态度指标更有效，因此在本节中，本书使用收益情境下的模糊性态度指标进行度量。本书利用 Probit 模型进行估计，分组对模糊性偏好（Panel A）、模糊性中性（Panel B）和模糊性厌恶（Panel C）人群认知教育的效果进行检验，回归结果如表 5 - 11 所示，其中第（1）列和第（2）列中的被解释变量依次为保险点击和保险购买。

表 5 - 11　　　　　　对不同模糊性态度人群教育效果的分组检验

| 变量 | 保险点击 | 保险购买 |
|---|---|---|
| | Probit | Probit |
| | （1） | （2） |
| Panel A：模糊性偏好（收益情境） | | |
| 认知教育 | 0.4559 *** <br> （3.44） | 0.6268 *** <br> （3.16） |
| 观测值 | 432 | 432 |
| Pseudo $R^2$ | 0.0009 | 0.0001 |
| Panel B：模糊性中性（收益情境） | | |
| 认知教育 | 0.0875 <br> （0.87） | 0.1485 <br> （1.00） |
| 观测值 | 754 | 754 |
| Pseudo $R^2$ | 0.0005 | 0.0048 |
| Panel C：模糊性厌恶（收益情境） | | |
| 认知教育 | − 0.0424 <br> （− 0.56） | − 0.0140 <br> （− 0.14） |
| 观测值 | 1 389 | 1 389 |
| Pseudo $R^2$ | 0.0184 | 0.0390 |

注：括号内为 T 检验值，*** 代表在 1% 的显著性水平上显著。

根据表 5 - 11，总体来看，认知教育只在 Panel A 的模糊性偏好分组中显著，说明大病认知教育的效果主要集中在模糊性偏好的群体中，对模糊性厌恶和模糊性中性群体并不显著。具体来看，无论是保险点击还是保险购买，认知教育的系数均为正且在 1% 的水平上显著，说明对模糊性偏好的人群提供大病认知教育能够提高其了解大病保险的意愿；就保险购买变量来看，对模糊性偏好的人群进行大病认知教育后，其保险购买率会显著提高，且在 1% 的水平上显著，平均来看，用户接受有效的认知教育后保险购买率会提高 10%。

为了进一步检验模糊性态度对认知教育的影响，本书在回归模型中引入认知教育与模糊性态度的交叉项，仍然用 Probit 模型估计认知教育与模糊性态度的交叉项对保险点击和保险购买的影响，回归结果如表 5 - 12 所示。

表 5 - 12　　　　　　　　进一步检验模糊性态度对认知教育效果的影响

| 变量 | 保险点击 | 保险购买 |
|---|---|---|
| | Probit | Probit |
| | （1） | （2） |
| 认知教育 | 0. 1994 *** | 0. 1478 |
| | （3. 03） | （1. 55） |
| 模糊性厌恶 | 0. 3749 * | 0. 8766 *** |
| | （1. 82） | （2. 71） |
| 认知教育×模糊性厌恶 | - 0. 5533 ** | - 1. 5223 *** |
| | （ - 1. 99） | （ - 3. 74） |
| 观测值 | 1 753 | 1 753 |
| Pseudo R$^2$ | 0. 0065 | 0. 0183 |

注：括号内为 T 检验值，***，** 和 * 分别代表在 1%，5% 和 10% 的显著性水平上显著。

表 5 - 12 的结果表明随着个体模糊性厌恶程度的提高，认知教育效果下降，再次证实了认知教育效果在不同模糊性态度人群中的异质性。具体来看，认知教育×模糊性厌恶的系数估计值在第（1）列和第（2）列中均显著为负，且至少在 5% 的统计水平上显著，同时在经济意义上也很显著。这说明认知教育能够消除模糊性偏好的个体对大病发生和死亡危害的模糊性，从而提高个人的大病保险参与意愿。

### 5.4.5 不同风险态度与认知教育效果

下面，本书用同上节类似的方法检验认知教育效果是否集中在某特定风险态度的人群中，利用收益情境和损失情境进行度量的回归结果依次如表5-13至表5-16所示。其中，在收益情境下对不同风险态度人群进行教育的效果如表5-13所示，本书将对假设5-5a和假设5-5b进行实证检验，用Probit模型估计在收益情境下的风险偏好（Panel A）和风险厌恶（Panel B）两组中认知教育对保险点击和保险购买的影响。

表5-13    分组对不同风险态度人群进行教育的效果（收益情境）

| 变量 | 保险点击 | 保险购买 |
|---|---|---|
| | Probit | Probit |
| | （1） | （2） |
| Panel A：风险偏好（收益情境） | | |
| 认知教育 | 0.1606<br>(1.39) | 0.1877<br>(1.27) |
| 观测值 | 574 | 574 |
| Pseudo R² | 0.0031 | 0.0045 |
| Panel B：风险厌恶（收益情境） | | |
| 认知教育 | 0.0594<br>(0.95) | 0.1473*<br>(1.65) |
| 观测值 | 1 998 | 1 998 |
| Pseudo R² | 0.0004 | 0.0027 |

注：括号内为T检验值，*代表在10%的显著性水平上显著。

利用收益情境度量的风险态度的回归结果如表5-13所示，总体来看，认知教育效果对风险偏好和风险厌恶的个体均有一定效果。具体来看，从Panel A中可知认知教育对风险偏好个体的保险行为在经济意义上为正，且在第（1）列和第（2）列中认知教育变量的系数估计值分别为1.39和1.27，说明对保险市场参与具有一定影响；从Panel B中可以发现，在风险偏好分组中认知教育对保险购买的影响在经济意义上为正，在统计意义上T值为1.65，在10%的统计水平上显著。

下面，本书将在回归模型中引入认知教育与风险态度的交叉项，用 Probit 模型估计认知教育与风险态度的交叉项对保险点击和保险购买的影响，回归结果如表 5 - 14 所示。

表 5 - 14　　　　　进一步检验风险态度对认知教育的影响（收益情境）

| 变量 | 保险点击 | 保险购买 |
|---|---|---|
| | Probit | Probit |
| | （1） | （2） |
| 认知教育 | 0.0788<br>（1.06） | 0.1164<br>（1.16） |
| 风险厌恶_收益 | 0.0355<br>（0.38） | 0.0563<br>（0.42） |
| 认知教育×风险厌恶_收益 | －0.1637<br>（－1.24） | －0.2553<br>（－1.36） |
| 观测值 | 1 493 | 1 493 |
| Pseudo $R^2$ | 0.0015 | 0.0042 |

注：括号内为 T 检验值。

根据表 5 - 14，并未发现认知教育的效果与个人风险厌恶程度有关，从而在一定程度上说明未发现认知教育在风险偏好和风险厌恶的个体中存在差异。与第 4 章的结果类似，本书并未发现风险厌恶_收益变量的系数估计值显著，进而无法证明是风险态度决定了个人的大病保险市场参与行为。

在表 5 - 15 中，本书将以损失情境下的风险态度对用户进行类似的分组检验，回归结果如下。

表 5 - 15　　　　　对不同风险态度人群进行教育的分组效果（损失情境）

| 变量 | 保险点击 | 保险购买 |
|---|---|---|
| | Probit | Probit |
| | （1） | （2） |
| Panel A：风险偏好（损失情境） | | |
| 认知教育 | 0.0847<br>（0.97） | 0.2482 **<br>（2.05） |
| 观测值 | 948 | 948 |
| Pseudo $R^2$ | 0.0008 | 0.0079 |

续表

| 变量 | 保险点击 | 保险购买 |
| --- | --- | --- |
| | Probit | Probit |
| | (1) | (2) |
| Panel B：风险厌恶（损失情境） | | |
| 认知教育 | 0.0592<br>(0.84) | 0.0918<br>(0.93) |
| 观测值 | 1 620 | 1 620 |
| Pseudo R$^2$ | 0.0004 | 0.0010 |

注：括号内为 T 检验值，** 代表在 5% 的显著性水平上显著。

总体来看，认知教育效果集中在风险偏好的个体中。具体来看，从 Panel A 中可知认知教育对风险偏好个体的保险行为在经济意义上为正，同时认知教育的系数估计值在第（2）列中在 5% 的统计水平上显著；但是从 Panel B 中可知认知教育对风险偏好个体的保险行为在经济意义上为正，且在第（1）列和第（2）列中认知教育变量的系数估计值分别为 0.84 和 0.93，说明对保险市场参与具有一定影响，但显著性不够。

在表 5－16 中，本书将在回归模型中引入认知教育与在损失情境下度量的风险态度的交叉项，估计认知教育与风险态度的交叉项对保险行为的影响。

表 5－16　　　进一步检验风险态度对认知教育的影响（损失情境）

| 变量 | 保险点击 | 保险购买 |
| --- | --- | --- |
| | Probit | Probit |
| | (1) | (2) |
| 认知教育 | 0.0874<br>(1.02) | 0.1203<br>(1.00) |
| 风险厌恶_损失 | 0.0921<br>(0.88) | 0.0253<br>(0.16) |
| 认知教育×风险厌恶_损失 | － 0.0145<br>（－ 0.10) | － 0.2120<br>（－ 1.09) |
| 观测值 | 1 332 | 1 332 |
| Pseudo R$^2$ | 0.0020 | 0.0078 |

注：括号内为 T 检验值。

表5-16中的结果与基于收益情境度量的风险态度结果类似，并未发现认知教育的效果与个人风险厌恶程度有关，说明未发现认知教育在风险偏好和风险厌恶的个体中存在差异。

综上，无论是以收益情境的风险态度进行度量还是以损失情境的风险态度进行度量，均未发现认知教育在风险偏好和风险厌恶的个体中存在显著差异。

## 5.5 本章小结

通过线上方式提供癌症发生和癌症死亡的相关信息能否影响或改变个人的保险市场参与决策？个人购买大病保险的意愿是否能有显著提高？认知教育效果集中在哪类模糊性态度和风险态度的人群中？利用田野实验对此进行检验，通过某线上平台进行实验，随机将个体分配到实验组和对照组，探究提供认知教育对金融决策的影响。

首先，本章通过对强制教育组和对照组的2 575个用户进行实验，发现接受大病认知教育信息的个体会更愿意参与到保险市场中。平均来看，个人接受有效的认知教育后保险购买率会提高2.16%，约占样本均值的28.05%。其次，本书对居民认知水平与认知教育效果展开讨论，检验居民原始认知程度是否会影响认知教育的效果。本书通过对认知模糊和认知有偏等四组人群进行检验，发现对低估大病发生或死亡的个体进行认知教育能够显著改变其保险市场参与行为尤其是保险购买行为，对正确估计和高估大病发生或死亡的个体进行大病认知教育的效果有限。再次，本书对居民主动学习态度与认知教育效果展开讨论，以个人是否主动点击查看更多关于癌症的小科普来衡量居民学习的主动性，发现居民学习的主动性的确会影响认知教育的效果，对于主动查看更多小科普的个体，其保险点击行为和保险购买行为都有所增多。最后，本书发现对模糊性偏好的人群进行认知教育的效果更佳，能有效提高大病保险的最终购买率，可能的原因是认知教育能够消除模糊性偏好的个体对大病发生和死亡危害的模糊性，从而提高个人的大病保险参与意愿；但是认知教育效果在不同风险态度的人群中没有显著差异。

# 第6章　认知教育影响金融决策的机制分析

## 6.1　本章引论

　　第5章聚焦强制教育组中认知教育对个人保险市场参与的影响，发现接受大病认知教育的个体，其大病保险购买意愿显著提高。个人接受认知教育后大病保险购买率提高2.16%，约占样本均值的28.05%，具有显著的经济意义。那么一个自然的问题是认知教育是通过何种机制影响个人金融决策的？考虑到个人在接受大病信息认知更新后行为会发生改变，这种影响可能是由个人对待大病信息的态度导致的，也可能是矫正有偏的认知后造成的。在强制教育组无法区分个人的信息行为，为此本书借助自行教育组来完成相关检验。为此，针对信息行为渠道，本节将对待大病信息的态度分为信息搜索（information searching）与信息规避（information avoidance）两类，通过自行教育组识别个人对信息的态度进而对该渠道进行检验。同时，本书发现模糊性偏好个体在接受大病信息后保险市场参与行为会显著发生改变，那么不同模糊性态度的人群在初始信念不同的情况下对待信息的反应是怎样的？接下来，本章将对认知更新渠道进行具体分析，根据个人对大病的初始信念分为认知模糊或认知有偏（cognitive bias）群组，同时将不同群组按照模糊性态度进行分类检验。

　　信息行为可以分为信息搜寻和信息规避，信息搜寻最早在经典的信息搜寻过程模型中呈现，在该模型的假设中个人积极搜寻相关信息进而满足自身多样化的信息需求（Wilson，1981）。随着研究的深入，有学者发现积极信息搜寻只在部分群体中成立，还有一部分群体倾向于规避信息（Case et al.，2005；Sweeny et al.，2010；Narayan et al.，2011；Golman and Hagmann，2017），尤其是在与潜在健康决策相关的信息中，个人对包含风险因素信息的规避也与避免焦虑不安的负面情绪和后续潜在的认知负担有关（Weinstein，1989）。凯斯等（Case et al.，2005）在威尔逊（Wilson，1981）的信息行为模型中发现如果外部信息给个人带来的压力过大或具有威胁性时，人们可能会选择规避信息。因此，在证明大病认知信息的提供会改善个人的保险市场参与行为后，本章将通过自行教育组用户主动查看癌症新发人数和癌症死亡人数来探究提供信息的行为在当前情境下是否能够作为认知教育奏效的渠道。

根据贝叶斯学习理论，人们会从提供的相关大病认知信息中进行学习，从而改变先验信念，尤其是当个体关于不确定性的信念模糊时，个体行为更容易改变（Payzan-LeNestour，2018）。为此，本章将依次对先验信息模糊和认知有偏（低估或高估危害）且模糊性态度不同的个体在接受认知教育后的大病保险市场行为进行探究。

本章通过某线上平台进行田野实验的方式进行探究，与第5章不同的是本章以包括自行教育组在内的3 817个用户进行检验。在信息行为渠道的主要检验中，主要关注自行教育组与对照组，在该渠道的相关稳健性检验中将对比强行教育组与自行教育组之间是否存在差异；在认知更新渠道中，对强制教育组、自行教育组与对照组按照先验信念与模糊性态度进行分类检验。结果发现，没有足够的证据证明信息行为渠道产生了作用，同时，本章证明了认知更新渠道的存在，同时发现对初始认知模糊且具有模糊性偏好的个人进行认知教育对个人保险市场行为的改变最为显著。

## 6.2　研究假设

当面对大病信息时，从个人对信息的态度来看，信息行为是否是影响教育效果的渠道？可能信息行为积极的个体在接收信息后的行为也会更积极，也有可能本身的信息行为并不会影响认知教育的效果。基于上述分析，本章从用户对待信息的态度出发分析认知教育奏效的渠道，提出如下假设。

假设6 - 1a：规避信息的个体接受认知教育后金融决策并未发生改变，而搜寻信息的个体接受认知教育后金融决策会发生改变。

假设6 - 1b：信息搜寻和信息规避行为本身对教育效果并无影响。

接下来，本章从信念改变的视角出发进行机制分析，分别对实验组与对照组的个体按照先验信念与模糊性态度进行分类检验，考虑到模糊性偏好个体的模糊性理论上最容易消除，为此提出如下假设。

假设6-2：初始模糊信念的模糊性偏好个体在认知得到更新后，个人的保险市场参与积极程度更高。

为了对上述假设进行检验，本书采用 Probit 模型进行回归。为验证假设6-1a、假设6-1b和假设6-2，探究不同分组中提供大病认知教育对居民保险点击行为和保险购买行为的影响，本书利用如下模型进行回归分析：

$$Pr(Y_i = 1) = \Phi(\beta_0 + \beta_1 \times Treat_i + \varepsilon_i) \tag{6-1}$$

其中，$Y_i$ 依次代表用户是否点击保险（点击为1，不点击为0）和是否购买保险（购买为1，不购买为0）；$Treat_i$ 代表用户是否接收大病认知信息，接收信息为1，未接收信息为0；$\varepsilon_i$ 为误差项。在式（6-1）中，如果 $\beta_1$ 显著大于0，则说明认知教育能够提高其保险市场参与意愿，否则说明总体上效果并不显著。

## 6.3　研究样本

### 6.3.1　样本说明及变量概述

本章以第3章实验设计中包括强制教育实验组、自行教育实验组和对照组在内的3 817个用户作为研究样本。变量包括通过问卷收集的个人信息、用户在平台的历史行为信息和用户在填写问卷后一周内的保险购买情况。被解释变量为个人金融决策，特指保险购买决策，比如用户在一周内的保险点击情况和购买情况；解释变量是大病认知教育；其他特征变量包括模糊性态度和风险态度（收益情境和损失情境下），以及性别、年龄、教育程度、家庭月收入、健康状况、是否有社保、此前是否购买过商业保险、信任程度、历史转发次数、历史捐款次数和历史捐款金额等。接下来详细展开描述说明。

### 6.3.2　描述性统计

本节将依次呈现人口统计学变量的统计分布描述、认知教育变量的统计分布和全变量的描述性统计，并对实验组和对照组的个人特征进行随机性检验。

1. 人口统计学变量的统计分布

本节首先将介绍样本人口统计学特征的分布情况，依次列举用户的性别、

年龄、教育程度、家庭月收入、健康状况、是否有社保、此前是否购买过商业
保险和信任程度的分布情况，如表 6 - 1 所示。

表 6 - 1　　　　　　　　　实验对象人口统计学特征分布

| 性别 | 样本量 | 样本百分比（%） |
|---|---|---|
| 女 | 1 614 | 42.28 |
| 男 | 2 203 | 57.72 |
| 年龄 | 样本量 | 样本百分比（%） |
| 18 岁以下 | 423 | 11.08 |
| 18～25 岁 | 910 | 23.84 |
| 26～30 岁 | 519 | 13.6 |
| 31～35 岁 | 609 | 15.95 |
| 36～40 岁 | 416 | 10.9 |
| 41～50 岁 | 604 | 15.82 |
| 51～60 岁 | 250 | 6.55 |
| 60 岁以上 | 86 | 2.25 |
| 教育程度 | 样本量 | 样本百分比（%） |
| 小学及以下 | 261 | 6.84 |
| 初中 | 1 087 | 28.48 |
| 高中/中专/技校/职高 | 1 114 | 29.19 |
| 大专 | 611 | 16.01 |
| 大学本科及以上 | 744 | 19.49 |
| 家庭月收入 | 样本量 | 样本百分比（%） |
| 小于 2 000 元 | 560 | 14.67 |
| 2 001～4 000 元 | 752 | 19.70 |
| 4 001～6 000 元 | 672 | 17.61 |
| 6 001～8 000 元 | 320 | 8.38 |
| 8 001～10 000 元 | 305 | 7.99 |
| 10 001～15 000 元 | 231 | 6.05 |
| 15 000 元以上 | 215 | 5.63 |
| 拒绝透露 | 762 | 19.96 |

续表

| 健康状况 | 样本量 | 样本百分比（%） |
|---|---|---|
| 很健康 | 1 544 | 40.45 |
| 比较健康 | 1 307 | 34.24 |
| 一般 | 690 | 18.08 |
| 很不健康 | 109 | 2.86 |
| 不清楚 | 174 | 4.56 |

| 是否有社保 | 样本量 | 样本百分比（%） |
|---|---|---|
| 是 | 2 556 | 66.96 |
| 否 | 1 261 | 33.04 |

| 此前是否购买过商业保险 | 样本量 | 样本百分比（%） |
|---|---|---|
| 是 | 1 290 | 33.80 |
| 否 | 2 527 | 66.20 |

| 何时购买过商业保险 | 样本量 | 样本百分比（%） |
|---|---|---|
| 均购买过 | 356 | 27.58 |
| 新冠疫情前（2019 年及之前） | 786 | 60.88 |
| 新冠疫情后（2020 年之后） | 149 | 11.54 |

| 认同度：您能相信身边大多数人 | 样本量 | 样本百分比（%） |
|---|---|---|
| 十分同意 | 599 | 15.69 |
| 比较同意 | 1 558 | 40.82 |
| 无所谓同意不同意 | 943 | 24.71 |
| 不同意 | 522 | 13.68 |
| 非常不同意 | 162 | 4.24 |
| 不清楚 | 33 | 0.86 |

总体来看，表 6-1 中的人口统计学变量分布与表 4-3 类似。具体地，从性别变量来看，男性占比（57.72%）略高于女性占比（42.28%）；从年龄变量来看，整体呈纺锤型结构，18~50 岁的用户占比较高，18 岁以下和 51 岁以上的用户占比较低；从教育程度变量来看，最高学历为高中/中专/技校/职高的占比最高（29.19%），之后依次为初中（28.48%）、大学本科及以上（19.49%）、大专（16.01%）和小学及以下（6.84%）；从家庭月收入变量来看，除了 19.96% 的用户拒绝透露收入信息外，整体来看低收入人群占比更

高，其中 14.67% 的人群家庭月收入低于 2 000 元，家庭月收入为 2 001 ~ 4 000元、4 001 ~ 6 000 元、6 001 ~ 8 000 元、8 001 ~ 10 000 元、10 001 ~ 15 000 元和 15 000 元以上的占比依次下降，分别是 19.70%、17.61%、8.38%、7.99%、6.05% 和 5.63%；从健康状况变量来看，除了 4.56% 的人群回答不清楚外，自评价健康程度为很健康、比较健康、一般和很不健康的占比依次下降，分别是40.45%、34.24%、18.08% 和 2.86%；从社保变量来看，有社会保险的用户占比更高，大约为 66.96%；从此前是否购买过商业保险变量来看，曾购买过商业保险的用户仅占 33.80%，在这些人群中，有 60.88% 人群在新冠疫情前购买过商业保险，有 11.54% 人群在新冠疫情后购买过商业保险，在新冠疫情前后均购买过商业保险的人群占比为 27.58%；从信任程度变量来看，关于对"您能相信身边大多数人"的认同程度划分，回答"比较同意"的人数占比最高，为 40.82%，回答"非常不同意"的人数占比最低，为 4.24%。

2. 认知教育变量的统计分布

下面，本节将介绍用户在接受大病认知教育时的初始认知水平和不同设计方式下用户的反应，设计方式按照是否直接展示答案分为强制教育组与自行教育组，如表 6 - 2 所示。

表 6 - 2　　　　　　　　　　实验对象接受认知教育情况分布

| 2020 年中国新发癌症为多少 | 样本量 | 样本百分比（%） |
|---|---|---|
| 小于 100 万例 | 186 | 6.61 |
| 100 万 ~ 1 000 万例 | 592 | 21.04 |
| 高于 1 000 万例 | 401 | 14.25 |
| 不清楚 | 1 635 | 58.10 |
| 2020 年中国癌症死亡人数为多少 | 样本量 | 样本百分比（%） |
| 小于 100 万例 | 1 571 | 55.83 |
| 100 万 ~ 1 000 万例 | 364 | 12.94 |
| 高于 1 000 万例 | 611 | 21.71 |
| 不清楚 | 268 | 9.52 |
| 是否直接展示答案 | 样本量 | 样本百分比（%） |
| 是（强制教育组） | 1 572 | 55.86 |
| 否（自行教育组） | 1 242 | 44.14 |

续表

| 是否点击查看答案（强制教育组） | 样本量 | 样本百分比（%） |
|---|---|---|
| 是 | 825 | 66.43 |
| 否 | 417 | 33.57 |
| 是否点击查看小科普 | 样本量 | 样本百分比（%） |
| 是 | 680 | 24.16 |
| 否 | 2 134 | 75.84 |

在"2020年中国新发癌症为多少"问题中，除了58.10%的用户回答"不清楚"外，6.61%的用户回答"小于100万例"，21.04%的用户回答"100万~1 000万例"，14.25%的用户回答"高于1 000万例"；在"2020年中国癌症死亡人数为多少"问题中，除了9.52%的用户回答"不清楚"外，55.83%的用户回答"小于100万例"，12.94%的用户回答"100万~1 000万例"，21.71%的用户回答"高于1 000万例"。

在问题设计形式方面，用户作答后直接展示答案的强制教育组占55.86%，用户作答后可选择是否查看答案的自行教育组占44.14%。其中在用户作答后可选择是否查看答案的样本中，有66.43%的用户点击查看正确答案。在认知教育模块最后的小科普问题中，仅有24.16%的用户点击查看更多的大病科普小知识。

3. 全变量描述性统计

类似地，将文本变量进行赋值，以便将人口统计学信息量化成数值变量。同时，为了控制极端值对实证结果的干扰，本书对近三个月捐款次数和近三个月捐款金额在双侧1%的水平上进行缩尾处理，处理后的全变量描述性统计情况如表6-3所示。

表6-3　　　　　　　　　全变量的描述性统计

| 变量名称 | 样本数量 | 均值 | 标准差 | 最小值 | 最大值 |
|---|---|---|---|---|---|
| 保险点击 | 3 817 | 0.74 | 0.44 | 0 | 1 |
| 保险购买 | 3 817 | 0.08 | 0.27 | 0 | 1 |
| 认知教育 | 3 817 | 0.65 | 0.48 | 0 | 1 |
| I（模糊性厌恶_收益） | 2 555 | 0.08 | 0.76 | -1 | 1 |
| 模糊性厌恶_收益 | 2 555 | 0.02 | 0.24 | -0.44 | 0.47 |

续表

| 变量名称 | 样本数量 | 均值 | 标准差 | 最小值 | 最大值 |
|---|---|---|---|---|---|
| I（模糊性厌恶_损失） | 1 518 | −0.19 | 0.80 | −1 | 1 |
| 模糊性厌恶_损失 | 1 518 | −0.10 | 0.27 | −0.47 | 0.44 |
| I（风险厌恶_收益） | 2 293 | 0.24 | 0.97 | −1 | 1 |
| 风险厌恶_收益 | 2 293 | 0.16 | 0.52 | −0.41 | 1.00 |
| I（风险厌恶_损失） | 1 774 | −0.42 | 0.90 | −1 | 1 |
| 风险厌恶_损失 | 1 774 | −0.27 | 0.52 | −1.00 | 0.41 |
| 一致性_模糊性_收益 | 2 555 | 0.26 | 0.44 | 0 | 1 |
| 一致性_模糊性_损失 | 1 518 | 0.18 | 0.38 | 0 | 1 |
| 一致性_风险_收益 | 2 293 | 0.31 | 0.46 | 0 | 1 |
| 一致性_风险_损失 | 1 774 | 0.38 | 0.48 | 0 | 1 |
| 性别 | 3 817 | 0.58 | 0.49 | 0 | 1 |
| 年龄 | 3 817 | 32.52 | 11.69 | 18 | 60 |
| 教育水平 | 3 817 | 3.13 | 1.22 | 1 | 5 |
| 健康程度 | 3 644 | 2.18 | 0.83 | 0 | 3 |
| 家庭月收入（万元） | 3 055 | 0.57 | 0.41 | 0.1 | 1.5 |
| 社会保险 | 3 817 | 0.67 | 0.47 | 0 | 1 |
| 商业保险 | 3 817 | 0.34 | 0.47 | 0 | 1 |
| 商业保险购买时间 | 1 291 | 2.16 | 0.6 | 1 | 3 |
| 信任程度 | 3 784 | 2.5 | 1.05 | 0 | 4 |
| 近三个月捐款次数 | 3 817 | 0.61 | 1.25 | 0 | 8 |
| 近三个月捐款金额（元） | 3 817 | 30.77 | 83.31 | 0 | 530 |

平均来看，有 74.43% 的用户都点击了保险链接，有 7.70% 的用户购买了商业大病保险。另外，根据用户历史行为可知其在三个月内平均捐款次数为 0.61，三个月内平均捐款金额为 30.77 元。

4. 随机性检验

本节将对用户是否随机被分配到实验组和对照组进行检验，通过对比实验组（包括强制教育组和自行教育组）和对照组的人口统计学变量（如性别、年龄、教育程度、家庭月收入、健康状况、是否有社保、此前是否购买过商业保险和信任程度）、个人模糊性态度和风险态度以及用户在平台上的历史行为（如近三个月捐款次数和近三个月捐款金额）检验是否存在差异，结果如表 6 – 4 所示，第（1）列为实验组的平均值和方差，第（2）列为对照组的平均值和方差，第（3）列为对照组与实验组差值的平均值和 T 值。

表 6 – 4　　　　　　　　　　实验组与对照组的随机性检验

| 变量 | 对照组 | 实验组 | 对照组 – 实验组 |
| --- | --- | --- | --- |
| | （1） | （2） | （3） |
| 性别 | 0.57<br>(0.49) | 0.58<br>(0.49) | − 0.01<br>( − 0.36) |
| 年龄 | 32.57<br>(11.48) | 32.50<br>(11.77) | 0.68<br>(0.16) |
| 教育水平 | 3.15<br>(1.20) | 3.12<br>(1.22) | 0.03<br>(0.62) |
| 健康程度 | 2.21<br>(0.83) | 2.17<br>(0.84) | 0.04<br>(1.41) |
| 家庭月收入（万元） | 0.56<br>(0.40) | 0.57<br>(0.41) | − 0.00<br>( − 0.06) |
| 社会保险 | 0.66<br>(0.47) | 0.67<br>(0.46) | − 0.01<br>( − 0.41) |
| 商业保险 | 0.34<br>(0.47) | 0.34<br>(0.47) | 0.00<br>(0.23) |
| 商业保险购买时间 | 2.17<br>(0.57) | 2.16<br>(0.62) | 0.01<br>(0.23) |
| 信任程度 | 2.52<br>(1.06) | 2.50<br>(1.05) | 0.02<br>(0.64) |
| 近三个月转发次数 | 2.98<br>(10.32) | 2.93<br>(10.75) | 0.06<br>(0.15) |
| 近三个月捐款次数 | 0.58<br>(1.22) | 0.62<br>(1.26) | − 0.03<br>( − 0.68) |
| 近三个月捐款金额（元） | 28.69<br>(79.76) | 31.52<br>(84.54) | − 2.83<br>( − 0.95) |

注：括号内为标准误。

　　由第（3）列可知，虽然实验组和对照组个别变量的均值存在一定的差异，但统计上均不显著，从而可以证明用户是被随机分配到实验组和对照组中，保证了实验设计的随机性。

　　为了检验强制教育实验组和自行教育实验组之间是否有区别，本书对这两组用类似的方式进行检验，检验结果如表 6 – 5 所示，其中第（1）列和第（2）列分别为强制教育实验组和自行教育实验组的平均值和方差，第（3）列为对照组与实验组差值的平均值和 T 值。

表 6 – 5　　　　　　强制教育实验组和自行教育实验组的随机性检验

| 变量 | 强制教育实验组 | 自行教育实验组 | 强制教育实验组 – 自行教育实验组 |
| --- | --- | --- | --- |
| | （1） | （2） | （3） |
| 性别 | 0.58<br>(0.49) | 0.57<br>(0.49) | 0.01<br>(0.17) |
| 年龄 | 32.54<br>(11.97) | 32.57<br>(11.48) | – 0.03<br>（– 0.07） |
| 教育水平 | 3.11<br>(1.24) | 3.15<br>(1.20) | – 0.03<br>（– 0.71） |
| 健康程度 | 2.15<br>(0.85) | 2.21<br>(0.83) | – 0.06*<br>（– 1.73） |
| 家庭月收入（万元） | 0.56<br>(0.41) | 0.56<br>(0.40) | – 0.00<br>（– 0.01） |
| 社会保险 | 0.67<br>(0.47) | 0.66<br>(0.47) | 0.01<br>(0.43) |
| 商业保险 | 0.32<br>(0.47) | 0.34<br>(0.47) | – 0.02<br>（– 0.90） |
| 商业保险购买时间 | 2.14<br>(0.62) | 2.17<br>(0.57) | – 0.03<br>（– 0.67） |
| 信任程度 | 2.48<br>(1.05) | 2.52<br>(1.06) | – 0.04<br>（– 0.90） |

续表

| 变量 | 强制教育实验组 | 自行教育实验组 | 强制教育实验组 - 自行教育实验组 |
|---|---|---|---|
| | （1） | （2） | （3） |
| 近三个月捐款次数 | 0.59<br>(1.22) | 0.59<br>(1.22) | - 0.00<br>( - 0.04) |
| 近三个月捐款金额（元） | 30.39<br>(80.02) | 28.43<br>(78.17) | 1.96<br>(0.61) |
| 模糊性厌恶_收益 | 0.02<br>(0.24) | 0.02<br>(0.24) | - 0.00<br>( - 0.15) |
| 模糊性厌恶_损失 | - 0.09<br>(0.27) | - 0.09<br>(0.26) | 0.00<br>(0.14) |
| 风险厌恶_收益 | 0.15<br>(0.51) | 0.19<br>(0.55) | - 0.04<br>(1.35) |
| 风险厌恶_损失 | - 0.27<br>(0.54) | - 0.30<br>(0.52) | 0.03<br>(0.74) |

注：括号内为 T 检验值，* 代表在 10% 的显著性水平上显著。

　　在表 6 - 5 中，由第（3）列可知，对于性别、年龄、教育水平、家庭月收入、社会保险、商业保险、商业保险购买时间、信任程度、近三个月捐赠次数和捐赠金额以及收益情境和损失情境下的模糊性态度和风险态度变量而言，虽然实验组和对照组个别变量的均值存在细微差异，但统计上均不显著。但是对于自评价健康变量在实验组和对照组之间存在细微差别，两组均值之差为 - 0.06，对应的 T 值为 1.73，考虑到两组均值的绝对值之差较小，可能两组之间存在差异的原因是健康程度是自评价的，并不是绝对客观的，因此在接受大病认知教育部分的人群在健康自评价中会更加谨慎。总之，通过对实验组和对照组的个体特征以及个体的模糊性态度和风险态度进行对比，大体上保证了实验设计的随机性。

# 6.4　实　证　检　验

　　本节将对认知教育影响金融决策的机制分析进行实证检验，6.4.1 节将基于信息搜寻和信息规避的视角探究认知教育对金融决策的影响是否在对待信息态度不同的人群中存在差异；6.4.2 节将从个人信念改变的视角出发，探究其对认知教育效果的影响。

## 6.4.1　基于信息行为视角进行机制分析

首先，本章将对假设 6 - 1 进行实证检验，对比信息搜寻和信息规避行为是否会影响认知教育效果，为此将先对自行教育组与对照组进行检验，对比信息搜寻和信息规避者的行为，从而检验其是否是影响金融决策的机制；同时，基于自行教育组与强制教育组进行稳健性检验，探究在两种设计方式下的认知教育效果是否存在差异。

1. 基于信息搜寻和信息规避视角对影响机制进行检验

首先，本书对自行教育的平均效果进行检验，为此对比接受自行教育组和对照组个体中保险市场的参与行为，如果个人在自行教育组中，则认知教育的值为 1，否则为 0，利用 Probit 模型进行估计的回归结果如表 6 - 6 所示。

表 6 - 6　　　　　　　　　认知教育与保险决策（自行教育组）

| 变量 | 保险点击 | 保险购买 |
|---|---|---|
| | Probit | Probit |
| | （1） | （2） |
| 认知教育 | 0.0514<br>(0.90) | 0.0809<br>(1.00) |
| 观测值 | 2 245 | 2 245 |
| Pseudo R$^2$ | 0.0003 | 0.0009 |

注：括号内为 T 检验值。

回归结果如表 6 - 6 所示，总体来看，与在上一章探究强制认知教育效果（见表 5 - 6）略微不同的是，自行教育组的个体在接受大病认知教育后并未发现自行选择是否接受认知教育会对个人的保险点击行为和保险购买行为产生影响，而在强制教育组发现认知教育能够在一定程度上提高购买大病保险的概率。

接下来，本书将进一步探究在自行教育组中个人是否点击查看答案、接受大病正确信息教育对个人保险市场参与行为的影响，为此在原模型中引入认知教育与点击查看答案的交叉项，依旧用 Probit 模型进行估计，对保险点击和保险购买的影响分别如表 6-7 中的第（1）列和第（2）列所示。

表 6-7　　　　　　　　　　查看答案与保险决策（自行教育组）

| 变量 | 保险点击 | 保险购买 |
|---|---|---|
| | Probit | Probit |
| | （1） | （2） |
| 认知教育 | -0.0138<br>（-0.18） | 0.0542<br>（0.49） |
| 认知教育 × 点击查看答案 | 0.0992<br>（1.22） | 0.0399<br>（0.36） |
| 观测值 | 2 245 | 2 245 |
| Pseudo R² | 0.0003 | 0.0009 |

注：括号内为 T 检验值。

根据表 6-7，虽然此时认知教育和认知教育 × 点击查看答案的系数估计值的统计显著性并没有达到 10%，但是通过观测系数的经济维度，本书发现认知教育 × 点击查看答案的系数估计值为正，说明点击查看答案部分的人群在保险市场的参与度可能更加积极，但是并不能完全支持信息搜寻人群的教育效果更有效。因此，本书将按照个人对大病认知的程度进行分类，探究自行教育效果在初始认知不同的群体中的异质性，便于与第 5 章中强制教育组的教育效果进行对比，同时也能够更全面地对比信息搜寻与信息规避态度是否会影响认知教育的效果。

下面，本书将依次展示认知模糊和认知有偏等四组人群中自行教育对个人保险市场参与行为的影响。

首先，在对大病原始认知模糊的个体中进行非强制认知教育的效果如表 6-8 和表 6-9 所示，表 6-8 对非强制认知教育的效果进行检验，表 6-9 进一步对比个体面对信息的态度对认知教育效果的影响。其中 Panel A 为个人对中国新发癌症的认知程度，Panel B 为个人对中国癌症死亡的认知程度，Panel C 为个人对中国新发癌症和癌症死亡的认知至少有一个存在模糊性的回归结果。

表 6 - 8　　　　　　　　　认知模糊个体认知教育效果（自行教育组）

| 变量 | 保险点击 | 保险购买 |
|---|---|---|
| | Probit | Probit |
| | （1） | （2） |
| **Panel A：新发癌症认知教育** | | |
| 认知教育 | 0.0129<br>（0.20） | 0.0540<br>（0.58） |
| 观测值 | 1 726 | 1 726 |
| Pseudo $R^2$ | 0.0000 | 0.0004 |
| **Panel B：癌症死亡认知教育** | | |
| 认知教育 | 0.0140<br>（0.21） | 0.0541<br>（0.58） |
| 观测值 | 1 712 | 1 712 |
| Pseudo $R^2$ | 0.0000 | 0.0004 |
| **Panel C：新发癌症和癌症死亡认知教育** | | |
| 认知教育 | 0.0260<br>（0.41） | 0.0635<br>（0.70） |
| 观测值 | 1 795 | 1 795 |
| Pseudo $R^2$ | 0.0001 | 0.0005 |

注：括号内为 T 检验值。

在初始认知模糊的个体间进行非强制认知教育效果的回归结果如表 6 - 8 所示，结果发现无论是对中国新发癌症还是对中国死亡认知模糊的个体进行非强制认知教育的加总影响并不显著，这一结果也与第 5 章中在初始认知模糊的个体中强制进行认知教育的效果类似。

此外，考虑到在非强制认知教育中，有些人未点击查看关于新发癌症和癌症死亡的信息，因此认知并没有更新的过程，因此本书在表 6 - 9 中将聚焦点击查看答案、更新认知的个体在接收信息后的保险市场参与行为。

表 6 - 9　　　　　　　认知模糊个体点击查看答案效果（自行教育组）

| 变量 | 保险点击 | 保险购买 |
|---|---|---|
| | Probit | Probit |
| | （1） | （2） |
| Panel A：新发癌症认知教育 | | |
| 认知教育×点击查看答案 | 0.0865<br>（1.12） | 0.1130<br>（1.07） |
| 观测值 | 1 451 | 1 451 |
| Pseudo R² | 0.0008 | 0.0015 |
| Panel B：癌症死亡认知教育 | | |
| 认知教育×点击查看答案 | 0.0886<br>（1.14） | 0.1215<br>（1.15） |
| 观测值 | 1 444 | 1 444 |
| Pseudo R² | 0.0008 | 0.0018 |
| Panel C：新发癌症和癌症死亡认知教育 | | |
| 认知教育×点击查看答案 | 0.1035<br>（1.39） | 0.1239<br>（1.22） |
| 观测值 | 1 503 | 1 503 |
| Pseudo R² | 0.0011 | 0.0019 |

注：括号内为 T 检验值。

如表 6 - 9 所示，虽然此时认知教育与点击查看答案的交叉项在 Panel A、Panel B 和 Panel C 中的系数估计值均未在 10% 的水平上显著，但是此时系数估计的 T 值要大幅高于表 6 - 8 中相关系数 T 值，系数绝对值也远高于表 6 - 8 中相关系数的绝对值，从而能在一定程度上说明在信息搜寻群体中认知教育的效果更强。

下面将对低估大病危害的个体进行非强制教育的效果以及点击查看答案群体的效果进行类似检验，回归结果分别如表 6 - 10 和表 6 - 11 所示。其中表 6 - 10 对非强制认知教育的效果进行检验，Panel A、Panel B 和 Panel C 分别是个人对中国新发癌症问题、中国癌症死亡问题以及二者至少低估了一个不确定性的回归结果，第（1）列和第（2）列中的被解释变量同样依次为保险点击和保险购买。

表 6 - 10　认知有偏（回答小于 100 万例）个体认知教育效果（自行教育组）

| 变量 | 保险点击 | 保险购买 |
|---|---|---|
| | Probit | Probit |
| | （1） | （2） |
| **Panel A：新发癌症认知教育** | | |
| 认知教育 | - 0. 1546 | 0. 5568 *** |
| | （ - 1. 00） | （3. 09） |
| 观测值 | 1 080 | 1 080 |
| Pseudo $R^2$ | 0. 0008 | 0. 0158 |
| **Panel B：癌症死亡认知教育** | | |
| 认知教育 | 0. 0111 | 0. 2083 |
| | （0. 10） | （1. 38） |
| 观测值 | 1 160 | 1 160 |
| Pseudo $R^2$ | 0. 0000 | 0. 0031 |
| **Panel C：新发癌症和癌症死亡认知教育** | | |
| 认知教育 | - 0. 0103 | 0. 2252 |
| | （ - 0. 10） | （1. 63） |
| 观测值 | 1 196 | 1 196 |
| Pseudo $R^2$ | 0. 0000 | 0. 0042 |

注：括号内为 T 检验值，*** 代表在 1% 的显著性水平上显著。

　　在初始低估大病发生或死亡的个体中进行非强制认知教育效果的回归结果如表 6 - 10 所示，本书发现对低估中国新发癌症的个人进行教育的效果显著，能够提高个人的大病保险购买率，而对低估中国癌症死亡的人群进行教育的效果有限。另外，表 6 - 11 中将聚焦点击查看答案、更新认知的个体在接收信息后的保险市场参与行为。

表 6 - 11　认知有偏（回答小于 100 万例）个体查看答案效果（自行教育组）

| 变量 | 保险点击 | 保险购买 |
|---|---|---|
| | Probit | Probit |
| | （1） | （2） |
| **Panel A：新发癌症认知教育** | | |
| 认知教育 × 点击查看答案 | - 0. 1415 | 0. 6740 *** |
| | （ - 0. 75） | （3. 19） |

续表

| 变量 | 保险点击 | 保险购买 |
|---|---|---|
| | Probit | Probit |
| | （1） | （2） |
| **Panel A：新发癌症认知教育** | | |
| 观测值 | 1 053 | 1 053 |
| Pseudo $R^2$ | 0.0004 | 0.0173 |
| **Panel B：癌症死亡认知教育** | | |
| 认知教育×点击查看答案 | 0.0314 | 0.1559 |
| | （0.24） | （0.88） |
| 观测值 | 1 118 | 1 118 |
| Pseudo $R^2$ | 0.0000 | 0.0014 |
| **Panel C：新发癌症和癌症死亡认知教育** | | |
| 认知教育×点击查看答案 | 0.0152 | 0.1963 |
| | （0.12） | （1.23） |
| 观测值 | 1 142 | 1 142 |
| Pseudo $R^2$ | 0.0000 | 0.0025 |

注：括号内为 T 检验值，*** 代表在 1% 的显著性水平上显著。

聚焦点击查看答案样本的回归结果如表 6-11 所示，此时认知教育与点击查看答案的交叉项在 Panel A 中的系数估计值在 1% 的水平上显著为正，同时该系数估计的 T 值和绝对值均高于表 6-10 中的相关值，从而能在一定程度上说明在信息搜寻群体中认知教育的效果更强。

接下来，对于认知范围正确的样本，本书检验了非强制教育的效果以及点击行为对教育效果的影响，回归结果如表 6-12 和表 6-13 所示。表 6-12 为对非强制认知教育的效果进行检验的结果，其中 Panel A、Panel B 和 Panel C 分别是个人对中国新发癌症问题、中国癌症死亡问题以及二者至少正确估计了一个不确定性的回归结果，第（1）列和第（2）列中的被解释变量依次为保险点击和保险购买。

表6-12 正确回答100万~1 000万例个体认知教育效果（自行教育组）

| 变量 | 保险点击 | 保险购买 |
|---|---|---|
| | Probit | Probit |
| | （1） | （2） |
| Panel A：新发癌症认知教育 | | |
| 认知教育 | 0.1465 | 0.0269 |
| | （1.50） | （0.20） |
| 观测值 | 1 252 | 1 252 |
| Pseudo $R^2$ | 0.0016 | 0.0001 |
| Panel B：癌症死亡认知教育 | | |
| 认知教育 | 0.1484 | 0.0564 |
| | （1.55） | （0.43） |
| 观测值 | 1 266 | 1 266 |
| Pseudo $R^2$ | 0.0017 | 0.0003 |
| Panel C：新发癌症和癌症死亡认知教育 | | |
| 认知教育 | 0.1805** | 0.0709 |
| | （2.15） | （0.62） |
| 观测值 | 1 380 | 1 380 |
| Pseudo $R^2$ | 0.0030 | 0.0006 |

注：括号内为 T 检验值，** 代表在5%的显著性水平上显著。

非强制认知教育的效果如表6-12所示，除了在 Panel C 的第（1）列中认知教育对保险点击的影响在5%的水平上显著为正外，其他的系数估计值尤其是认知教育对保险购买的系数估计值暂不显著，说明非强制认知教育的效果有限。下面，本书将聚焦点击查看答案、更新认知的个体在接收信息后的保险市场参与行为变化，回归结果如表6-13所示。

表6-13 正确回答100万~1 000万例个体查看答案效果（自行教育组）

| 变量 | 保险点击 | 保险购买 |
|---|---|---|
| | Probit | Probit |
| | （1） | （2） |
| Panel A：新发癌症认知教育 | | |
| 认知教育×点击查看答案 | 0.1513 | -0.0271 |
| | （1.34） | （-0.17） |

续表

| 变量 | 保险点击 | 保险购买 |
|---|---|---|
| | Probit | Probit |
| | （1） | （2） |
| 观测值 | 1 182 | 1 182 |
| Pseudo $R^2$ | 0.0013 | 0.0001 |
| **Panel B：癌症死亡认知教育** | | |
| 认知教育×点击查看答案 | 0.1192<br>（1.10） | 0.0199<br>（0.13） |
| 观测值 | 1 196 | 1 196 |
| Pseudo $R^2$ | 0.0009 | 0.0000 |
| **Panel C：新发癌症和癌症死亡认知教育** | | |
| 认知教育×点击查看答案 | 0.1649 *<br>（1.75） | − 0.0005<br>（− 0.00） |
| 观测值 | 1 281 | 1 281 |
| Pseudo $R^2$ | 0.0021 | 0.0000 |

注：括号内为 T 检验值，＊代表在 10% 的显著性水平上显著。

在正确估计大病范围的个体中点击查看答案样本的回归结果如表 6 - 13 所示，此时回归结果与表 6 - 12 类似，仅在 Panel C 的第（1）列中认知教育对保险点击的影响在 10% 的水平上显著为正，认知教育对保险购买的系数估计值并不显著，说明在该群体中进行认知教育的效果有限，这一结论也与第 5 章的结果相吻合。

本书将对高估大病发生或死亡的个人非强制教育效果、点击查看答案群体的教育效果依次进行类似检验，回归结果如表 6 - 14 和表 6 - 15 所示。其中，表 6 - 14 为在认知有偏中高估负面情境的个体中进行认知教育效果的回归检验结果，Panel A、Panel B 和 Panel C 分别是个人对中国新发癌症问题、中国癌症死亡问题以及二者至少高估了一个的回归结果，第（1）列和第（2）列中的被解释变量依次为保险点击和保险购买。

表6－14 认知有偏（回答高于1 000万例）个体认知教育效果（自行教育组）

| 变量 | 保险点击 | 保险购买 |
|---|---|---|
| | Probit | Probit |
| | （1） | （2） |
| **Panel A：新发癌症认知教育** | | |
| 认知教育 | 0.1710<br>(1.56) | −0.0211<br>(−0.14) |
| 观测值 | 1 196 | 1 196 |
| Pseudo $R^2$ | 0.0018 | 0.0000 |
| **Panel B：癌症死亡认知教育** | | |
| 认知教育 | 0.1293<br>(0.94) | 0.1082<br>(0.59) |
| 观测值 | 1 116 | 1 116 |
| Pseudo $R^2$ | 0.0007 | 0.0006 |
| **Panel C：新发癌症和癌症死亡认知教育** | | |
| 认知教育 | 0.1570<br>(1.57) | 0.0482<br>(0.35) |
| 观测值 | 1 242 | 1 242 |
| Pseudo $R^2$ | 0.0018 | 0.0002 |

注：括号内为 T 检验值。

在对初始悲观估计大病发生或死亡的个体进行非强制认知教育的回归结果如表6－14所示，发现无论是对高估中国新发癌症还是对中国癌症死亡不确定性的个体进行非强制认知教育的加总影响并不显著，这一结果也与第5章中在初始认知模糊的个体中强制进行认知教育的效果类似。下面，本书将聚焦点击查看答案、更新认知的个体在接收信息后的保险市场参与行为变化，回归结果如表6－15所示。

表 6 – 15　　认知有偏（回答高于 1 000 万例）个体查看答案效果（自行教育组）

| 变量 | 保险点击 | 保险购买 |
|---|---|---|
| | Probit | Probit |
| | （1） | （2） |
| **Panel A：新发癌症认知教育** | | |
| 认知教育×点击查看答案 | 0.0867<br>（0.72） | − 0.1560<br>（− 0.83） |
| 观测值 | 1 151 | 1 151 |
| Pseudo $R^2$ | 0.0004 | 0.0013 |
| **Panel B：癌症死亡认知教育** | | |
| 认知教育×点击查看答案 | 0.0653<br>（0.40） | 0.0077<br>（0.03） |
| 观测值 | 1 079 | 1 079 |
| Pseudo $R^2$ | 0.0001 | 0.0000 |
| **Panel C：新发癌症和癌症死亡认知教育** | | |
| 认知教育×点击查看答案 | 0.0964<br>（0.87） | − 0.0271<br>（− 0.17） |
| 观测值 | 1 182 | 1 182 |
| Pseudo $R^2$ | 0.0006 | 0.0001 |

注：括号内为 T 检验值。

如表 6 – 15 所示，此时认知教育与点击查看答案的交叉项在 Panel A、Panel B 和 Panel C 中的系数估计值仍均不显著，说明即使点击查看答案对个人保险市场参与行为的影响也并不显著。

综上，本书发现从信息规避或信息搜寻的角度出发，暂时并未显示其是影响认知教育的渠道，为此将在下一节中基于信念改变渠道进行深入挖掘。

2. 基于信息搜寻和信息规避视角对影响机制进行稳健性检验

为了证明上一节结果的有效性和可靠性，本节将进行稳健性检验。具体地，为了对比强制教育组与自行学习组对个人保险参与行为是否有差异，本节将聚焦这两组人群进行检验。此时的核心自变量为强制认知教育，如果用户被分配到直接查看答案组中，强制认知教育变量的值为 1，否则为 0。本节将依次检验强制认知教育与个人保险市场参与决策的回归结果以及对初始认知不同的人群进行强制认知教育与非强制认知教育是否存在差异。

首先对强制认知教育对个人保险市场参与决策的加总影响进行检验，回归结果如表6-16所示，其中第（1）列和第（2）列中的被解释变量依次为保险点击和保险购买。

表6-16　　　　　　　　强制认知教育与保险决策（稳健性检验）

| 变量 | 保险点击 | 保险购买 |
|---|---|---|
|  | Probit | Probit |
|  | （1） | （2） |
| 强制认知教育 | 0.0239<br>（0.46） | 0.0681<br>（0.98） |
| 观测值 | 2 814 | 2 814 |
| Pseudo $R^2$ | 0.0001 | 0.0006 |

注：括号内为 T 检验值。

如表6-16所示，强制认知教育系数估计值的经济意义和统计意义均不显著，说明从教育的总效果来看，在个体保险市场参与行为方面，强制性的认知教育与允许自主选择的认知教育方式之间并未呈现显著差异。

下面本书将人群按照初始认知程度进行分组，依次检验对大病初始认知模糊和认知有偏等四个不同组的个体进行强制认知教育与自行认知教育是否有差异。首先，表6-17对认知模糊的个体进行强制认知教育的效果进行检验，Panel A 为个人对中国新发癌症的认知程度是模糊的，Panel B 为个人对中国癌症死亡的认知程度是模糊的，Panel C 为个人对中国新发癌症和癌症死亡的认知至少有一个存在模糊性的回归结果。

表6-17　　　　　　认知模糊个体强制认知教育效果（稳健性检验）

| 变量 | 保险点击 | 保险购买 |
|---|---|---|
|  | Probit | Probit |
|  | （1） | （2） |
| Panel A：新发癌症认知教育 |  |  |
| 强制认知教育 | 0.0698<br>（1.03） | 0.0568<br>（0.61） |

续表

| 变量 | 保险点击 | 保险购买 |
|---|---|---|
| | Probit | Probit |
| | （1） | （2） |
| 观测值 | 1 635 | 1 635 |
| Pseudo R$^2$ | 0.0006 | 0.0004 |
| *Panel B：癌症死亡认知教育* | | |
| 强制认知教育 | 0.0604<br>（0.88） | 0.0798<br>（0.85） |
| 观测值 | 1 571 | 1 571 |
| Pseudo R$^2$ | 0.0004 | 0.0008 |
| *Panel C：新发癌症和癌症死亡认知教育* | | |
| 强制认知教育 | 0.0472<br>（0.73） | 0.0680<br>（0.77） |
| 观测值 | 1 778 | 1 778 |
| Pseudo R$^2$ | 0.0003 | 0.0006 |

注：括号内为 T 检验值。

对认知模糊的个体进行强制认知教育与自行教育的回归估计结果如表 6 – 17 所示，在 Panel A、Panel B 和 Panel C 中强制认知教育系数估计值的经济意义和统计意义均不显著，说明强制认知教育效果和自行认知教育效果在认知模糊的个体中并不存在区别。在表 6 – 18 中，本书将对认知有偏中低估大病负面可能的个体进行类似检验。

表 6 – 18　　认知有偏（回答小于 100 万例）个体强制认知教育效果（稳健性检验）

| 变量 | 保险点击 | 保险购买 |
|---|---|---|
| | Probit | Probit |
| | （1） | （2） |
| *Panel A：新发癌症认知教育* | | |
| 强制认知教育 | 0.3804 *<br>（1.88） | 0.0907<br>（0.41） |
| 观测值 | 186 | 186 |
| Pseudo R$^2$ | 0.0170 | 0.0010 |

| 变量 | 保险点击 | 保险购买 |
| --- | --- | --- |
| | Probit | Probit |
| | （1） | （2） |
| Panel B：癌症死亡认知教育 | | |
| 强制认知教育 | 0.0203 <br> (0.14) | 0.1363 <br> (0.76) |
| 观测值 | 364 | 364 |
| Pseudo $R^2$ | 0.0000 | 0.0023 |
| Panel C：新发癌症和癌症死亡认知教育 | | |
| 强制认知教育 | 0.1364 <br> (1.05) | 0.2076 <br> (1.31) |
| 观测值 | 444 | 444 |
| Pseudo $R^2$ | 0.0022 | 0.0053 |

注：括号内为 T 检验值，＊代表在 10% 的显著性水平上显著。

对认知有偏中低估大病发生或死亡的个体进行强制认知教育与自行教育的回归估计结果如表 6 - 18 所示，此时除了在 Panel A 的第（1）列中强制认知教育系数估计值在 10% 的水平上显著外，在其他回归中尤其是当被解释变量为保险购买时强制认知教育的系数均不显著，因此也说明了两组教育方式对个人保险市场参与的影响不大。接下来，本书将对正确回答大病发生或死亡范围的个体进行类似检验，回归结果如表 6 - 19 所示。

表 6 - 19　　正确回答 100 万 ~ 1 000 万例个体强制认知教育效果（稳健性检验）

| 变量 | 保险点击 | 保险购买 |
| --- | --- | --- |
| | Probit | Probit |
| | （1） | （2） |
| Panel A：新发癌症认知教育 | | |
| 强制认知教育 | － 0.0744 <br> （－ 0.65） | 0.0128 <br> (0.08) |
| 观测值 | 592 | 592 |
| Pseudo $R^2$ | 0.0006 | 0.0000 |

续表

| 变量 | 保险点击 | 保险购买 |
|---|---|---|
| | Probit | Probit |
| | （1） | （2） |
| Panel B：癌症死亡认知教育 | | |
| 强制认知教育 | −0.0184<br>（−0.16） | 0.0378<br>（0.25） |
| 观测值 | 611 | 611 |
| Pseudo R² | 0.0000 | 0.0002 |
| Panel C：新发癌症和癌症死亡认知教育 | | |
| 强制认知教育 | −0.1075<br>（−1.14） | 0.0649<br>（0.52） |
| 观测值 | 890 | 890 |
| Pseudo R² | 0.0013 | 0.0005 |

注：括号内为 T 检验值。

　　表 6-19 为对认知模糊的个体进行强制认知教育与自行教育的回归估计结果，结果发现在 Panel A、Panel B 和 Panel C 中强制认知教育系数估计值的经济意义和统计意义均不显著，说明强制认知教育效果和自行认知教育效果在正确估计不确定性的个体中同样不存在区别。最后，本书将对认知偏差中初始高估大病负面情况的个体进行检验，回归结果如表 6-20 所示。

表 6-20　　　正确回答 100 万~1 000 万例个体强制认知教育效果（稳健性检验）

| 变量 | 保险点击 | 保险购买 |
|---|---|---|
| | Probit | Probit |
| | （1） | （2） |
| Panel A：新发癌症认知教育 | | |
| 强制认知教育 | −0.1940<br>（−1.41） | 0.1432<br>（0.75） |
| 观测值 | 401 | 401 |
| Pseudo R² | 0.0045 | 0.0028 |

续表

| 变量 | 保险点击 | 保险购买 |
|---|---|---|
| | Probit | Probit |
| | （1） | （2） |
| Panel B：癌症死亡认知教育 | | |
| 强制认知教育 | −0.1091<br>（−0.64） | −0.0612<br>（−0.27） |
| 观测值 | 268 | 268 |
| Pseudo $R^2$ | 0.0014 | 0.0005 |
| Panel C：新发癌症和癌症死亡认知教育 | | |
| 强制认知教育 | −0.1383<br>（−1.14） | 0.0709<br>（0.43） |
| 观测值 | 522 | 522 |
| Pseudo $R^2$ | 0.0023 | 0.0007 |

注：括号内为 T 检验值。

在表 6−20 中并未发现强制认知教育效果和自行认知教育效果在高估不确定性的个体中存在区别。

综上所述，本书发现两种教育方式的效果无论是从加总角度来看，还是将人群按照初始认知程度进行分类，效果均类似，因此在下一节中本书将不再关注实验设计形式，而是关注信息的内容，基于信念改变的视角讨论影响机制。

## 6.4.2　基于信念改变视角进行机制分析

6.4.1 节从教育的设计方式出发，经过验证后发现信息搜寻和信息规避似乎并不是认知教育发挥作用的机制，为此本节将关注信息内容，从信念改变的视角出发探究影响机制。第 5 章证实了不同模糊性态度的人群对认知教育的反应有明显差异，对模糊性偏好的个体认知教育效果更好，同时本章也证实了对初始认知程度不同的人群进行教育的效果也存在差异，那么对模糊性偏好的个体认知教育效果更好的原因是什么？是否对大病的初始认知程度发生了改变？如果是，对哪种初始信念的改变能够显著改变个人的大病保险市场参与决策？本节将对初始信念不同的人群中不同模糊性态度个体的认知教育效果逐步展开讨论并加以验证，样本包括强制教育组、自行教育组和对照组的 3 817 个用户。

在表 6 - 21 中，本书将依次汇报模糊性偏好（Panel A）、模糊性中性（Panel B）和模糊性厌恶（Panel C）三组原本对大病初始认知模糊（对大病发生或大病死亡某个认知存在模糊）的人群进行教育的效果，用 Probit 模型进行回归，对保险点击和保险购买的影响分别如第（1）列和第（2）列所示。

表 6 - 21          初始信念模糊个体模糊性态度与认知教育效果

| 变量 | 保险点击 | 保险购买 |
|---|---|---|
| | Probit | Probit |
| | （1） | （2） |
| Panel A：模糊性偏好（收益情境） | | |
| 认知教育 | 0. 4556 *** <br> （3. 46） | 0. 6511 *** <br> （3. 29） |
| 观测值 | 437 | 437 |
| Pseudo R$^2$ | 0. 0242 | 0. 0441 |
| Panel B：模糊性中性（收益情境） | | |
| 认知教育 | − 0. 0609 <br> （− 0. 65） | 0. 0759 <br> （0. 53） |
| 观测值 | 869 | 869 |
| Pseudo R$^2$ | 0. 0004 | 0. 0008 |
| Panel C：模糊性厌恶（收益情境） | | |
| 认知教育 | − 0. 0075 <br> （− 0. 10） | − 0. 0628 <br> （− 0. 62） |
| 观测值 | 1 475 | 1 475 |
| Pseudo R$^2$ | 0. 0000 | 0. 0005 |

注：括号内为 T 检验值，*** 代表在 1% 的显著性水平上显著。

在初始信念模糊的人群中不同模糊性态度个体与认知教育效果的回归结果如表 6 - 21 所示，虽然表 6 - 8 和表 6 - 9 的平均加总结果并没有体现认知模糊的个体能够被教育，但是当对人群按照模糊性态度进行分类后，发现初始认知模糊人群中的模糊性偏好个人在接受认知教育后对大病保险市场的参与度有显著提高。具体来看，在 Panel A 中模糊性偏好的人在更新关于癌症发生或癌症死亡的模糊认知后，保险点击率提高了 14.30%，保险购买率提高了 10.65%；而模糊性中性个体和模糊性厌恶个体在更新了关于大病的模糊认知后对大病保险市场的参与度并未发生改变。

　　下面将对大病初始认知低估的个体进行检验，对比不同模糊性态度个体在更新关于大病发生和大病死亡后的保险市场参与行为，用 Probit 模型进行回归，回归结果如表 6 - 22 所示，Panel A、Panel B 和 Panel C 分别展示了模糊性偏好、模糊性中性和模糊性厌恶个体更新认知后的保险市场参与行为。

表 6 - 22　　认知有偏（回答小于 100 万例）个体模糊性态度与认知教育效果

| 变量 | 保险点击 | 保险购买 |
|---|---|---|
| | Probit | Probit |
| | (1) | (2) |
| Panel A：模糊性偏好（收益情境） | | |
| 认知教育 | 0.3399 *<br>(1.80) | 0.5890 **<br>(2.31) |
| 观测值 | 251 | 251 |
| Pseudo $R^2$ | 0.0107 | 0.0447 |
| Panel B：模糊性中性（收益情境） | | |
| 认知教育 | - 0.0583<br>( - 0.36) | 0.5466 ***<br>(2.69) |
| 观测值 | 427 | 427 |
| Pseudo $R^2$ | 0.0003 | 0.0330 |
| Panel C：模糊性厌恶（收益情境） | | |
| 认知教育 | 0.0264<br>(0.26) | 0.1874<br>(1.48) |
| 观测值 | 769 | 769 |
| Pseudo $R^2$ | 0.0001 | 0.0044 |

　　注：括号内为 T 检验值，***，** 和 * 分别代表在 1%，5% 和 10% 的显著性水平上显著。

　　在初始信念低估负面情况可能的人群中不同模糊性态度个体与认知教育效果的回归结果如表 6 - 22 所示。在未对人群按照模糊性态度进行区分时，本书也发现对低估大病不确定性的个人进行教育的效果更显著，能够提高大病保险购买率。当对人群按照模糊性态度进行分类后，发现模糊性偏好和模糊性中性个体在接受认知教育后对大病保险市场的参与度有显著提高。具体来看，Panel A 中发现模糊性偏好的人在更新关于癌症发生或癌症死亡的认知后，保险点击率和保险购买率均大幅提高，其中保险点击率提高了 11.87%，保险购买率提高了 7.05%；Panel B 中发现模糊性中性的人在认知更新后，保险点击行为没有明显改变，但是保险购买率显著提高了 6.95%；Panel C 中发现模糊性厌恶个体在更新了关于大病的模糊认知后对大病保险市场的参与度并未发生改变。

接下来本节将对大病初始认知正确的个体进行检验，对比不同模糊性态度个体在更新关于大病发生和大病死亡后的保险市场参与行为，用 Probit 模型进行回归，回归结果如表 6 - 23 所示，Panel A、Panel B 和 Panel C 分别展示了模糊性偏好、模糊性中性和模糊性厌恶个体更新认知后的保险市场参与行为。

表 6 - 23    正确回答 100 万 ~ 1 000 万例个体模糊性态度与认知教育效果

| 变量 | 保险点击 | 保险购买 |
|---|---|---|
| | Probit | Probit |
| | （1） | （2） |
| Panel A：模糊性偏好（收益情境） | | |
| 认知教育 | 0.3378 ** <br> （2.42） | 0.3758 * <br> （1.74） |
| 观测值 | 368 | 368 |
| Pseudo R² | 0.0134 | 0.0183 |
| Panel B：模糊性中性（收益情境） | | |
| 认知教育 | - 0.0340 <br> （- 0.27） | 0.2917 <br> （1.64） |
| 观测值 | 509 | 509 |
| Pseudo R² | 0.0001 | 0.0111 |
| Panel C：模糊性厌恶（收益情境） | | |
| 认知教育 | 0.1019 <br> （1.18） | - 0.0578 <br> （- 0.50） |
| 观测值 | 1 016 | 1 016 |
| Pseudo R² | 0.0012 | 0.0004 |

注：括号内为 T 检验值，** 和 * 分别代表在 5% 和 10% 的显著性水平上显著。

　　在初始信念正确估计负面情况可能性范围的人群中不同模糊性态度个体与认知教育效果的回归结果如表 6 – 23 所示。同样在本章之前回归中的加总结果并没有体现这部分人群能够被教育，但是当对人群按照模糊性态度进行分类后，发现模糊性偏好的个人在接受大病认知更新后对大病保险市场的参与度有显著提高。具体来看，在 Panel A 中，模糊性偏好的人在更新关于癌症发生或癌症死亡的认知后，保险点击率和保险购买率分别提高了 11.31% 和 4.55%；而模糊性中性个体和模糊性厌恶个体在更新了关于大病的认知后对大病保险市场的参与度并未发生改变。

　　本节将对大病初始认知高估大病负面情况的个体进行检验，对比不同模糊性态度个体在更新关于大病发生和大病死亡后的保险市场参与行为，用 Probit 模型进行回归，回归结果如表 6 – 24 所示，Panel A、Panel B 和 Panel C 分别展示了模糊性偏好、模糊性中性和模糊性厌恶个体更新认知后的保险市场参与行为变化。

表 6 – 24　　认知有偏（回答高于 1 000 万例）个体模糊性态度与认知教育效果

| 变量 | 保险点击 | 保险购买 |
| --- | --- | --- |
| | Probit | Probit |
| | （1） | （2） |
| Panel A：模糊性偏好（收益情境） | | |
| 认知教育 | 0.4418 ** <br> (2.51) | 0.4438 * <br> (1.79) |
| 观测值 | 272 | 272 |
| Pseudo R$^2$ | 0.0197 | 0.0265 |
| Panel B：模糊性中性（收益情境） | | |
| 认知教育 | 0.1018 <br> (0.66) | 0.3185 <br> (1.56) |
| 观测值 | 447 | 447 |
| Pseudo R$^2$ | 0.0009 | 0.0117 |
| Panel C：模糊性厌恶（收益情境） | | |
| 认知教育 | – 0.0301 <br> (– 0.31) | – 0.1301 <br> (– 0.96) |
| 观测值 | 806 | 806 |
| Pseudo R$^2$ | 0.0001 | 0.0021 |

　　注：括号内为 T 检验值，** 和 * 分别代表在 5% 和 10% 的显著性水平上显著。

在初始信念高估负面情况可能的人群中不同模糊性态度个体与认知教育效果的回归结果如表6-24所示。同样在本章之前回归中的加总结果并没有体现这部分人群能够被教育，但是当对人群按照模糊性态度进行分类后，发现模糊性偏好个人在接受大病认知更新后对大病保险市场的参与有显著提高。具体来看，Panel A中发现模糊性偏好的人在更新关于癌症发生或癌症死亡的认知后，保险点击率和保险购买率分别提高了14.91%和5.08%，而模糊性中性个体和模糊性厌恶个体在更新了关于大病的认知后对大病保险市场的参与度并未发生改变。

# 6.5　本章小结

本章对认知教育影响金融决策的渠道进行探讨，分别提出了信息行为渠道和认知更新渠道，并依次进行检验。

一方面，本章对信息行为渠道进行检验，根据个人对待信息的态度分为信息搜寻和信息规避两组，并探究信息搜寻和信息规避行为是否是影响认知教育效果的渠道。通过对自行教育组和对照组样本进行探究，本书发现并没有足够的证据证明信息行为渠道的成立，从而说明信息行为并不是教育奏效的必要渠道。为此本书从信息内容视角出发，对认知更新渠道进行检验。

另一方面，本书对认知更新渠道进行检验。首先，关注认知教育提供的信息与个人初始信念之间的关系，并基于信念改变的视角出发探究影响机制，对比模糊性偏好、模糊性中性和模糊性厌恶的人在对大病初始信念不同的情况下接收信息更新的反应程度是否存在差异，发现初始模糊信念的模糊性偏好个体在认知得到更新后个人的保险市场参与积极程度最高。其次，对个人保险市场参与行为影响程度排名第二的群体是那些低估大病发生或死亡的个体，说明认知教育奏效主要是通过改变模糊性偏好个体对大病认知的模糊性，从而有效改变其保险市场参与行为。而对于模糊性中性或模糊性厌恶个体来说，只有在其认知有偏且低估大病负面可能时对其进行教育才奏效，当他们初始信念模糊时认知教育对改变他们对大病认知模糊性的效果微乎其微。

# 第7章 结 论

## 7.1 研究内容及主要结论

金融决策不仅会影响居民的幸福感，对国家经济发展和社会稳定同样意义深远。然而受限于金融素养，居民往往难以作出合理的金融决策。了解决定居民金融决策的内在因素并思考如何通过教育等外在手段帮助居民进行合理决策是十分必要的。为此，本书研究了以下三个问题：（1）模糊性态度是否是影响金融决策的主要驱动因素？模糊性态度和风险态度分别占据什么影响地位？（2）提供认知教育是否能够改变居民的金融决策？不同模糊性态度的人群在接受认知教育后的反应是否相同？（3）如果上一个问题的答案为是，那么认知教育改变居民金融决策的渠道是什么？针对以上三个问题，本书通过国内某线上平台进行田野实验，通过问卷调查的形式收集居民的模糊性态度和风险态度，同时随机将居民分配到强制教育实验组、自行教育实验组和对照组，对上述问题依次检验，主要研究内容和结论总结如下。

第一，本书利用某线上平台测量个人面对不确定时的态度，包括收益情境和损失情境下的模糊性态度和风险态度，结合大病保险参与行为进行探究。首先，通过对比个人在收益情境和损失情境下的模糊性态度，本书发现在收益情境下人群平均是模糊性厌恶的，在损失情境下人群平均是模糊性偏好的，这一结果和风险态度类似。其次，本书发现是模糊性态度而不是风险态度决定了个人的大病保险点击与购买行为，同时越厌恶模糊性的个人越倾向于了解并购买相应的保险产品，上述结果在排除潜在的干扰因素后依然成立。最后，通过进行异质性检验，本书发现模糊性厌恶对保险点击和保险购买行为的影响主要集中在自评价信任程度高和对平台信任度更高的群体中，原因可能是信任程度更高的个人倾向于信任线上平台的保险产品并购买。此外，本书发现模糊性厌恶对保险市场参与行为的影响主要集中在高收入群体中，原因可能是有购买能力的个人更会考虑规避负面不确定性。

第二，本书通过某线上平台进行田野实验，随机将个体分配到实验组和对照组，首先关注强制教育实验组和对照组的 2 575 个样本，以其为例探究提供与癌症发生和癌症死亡相关的认知教育对居民金融决策的影响。结果发现接受大病认知教育信息的个体会更考虑参与到保险市场中，平均来看，个人接受有效的认知教育后保险购买率会提高 2.16%，约占样本均值的 28.05%。其次，通过对认知模糊和认知有偏等四组人群进行检验，发现对初始低估大病发生或死亡的个体进行认知教育能够显著改变其保险市场参与行为，尤其是保险购买行为，对正确估计和高估大病发生或死亡的个体进行大病认知教育的效果有限。再次，本书对居民学习的主动性与认知教育效果展开讨论，发现居民学习的主动性的确会影响认知教育的效果，对于主动学习的个体，其保险点击行为和保险购买行为都大幅提升。最后，本书发现对模糊性偏好的人群进行教育的效果更佳，能有效提高大病保险的最终购买率，可能的原因是认知教育能够消除模糊性偏好的个体对大病发生和死亡危害的模糊性，从而提高个人的大病保险参与意愿；但是认知教育效果在不同风险态度的人群中没有显著差异。

第三，本书既已证实了人们在接受大病认知教育信息后大病保险购买量显著提高，那么认知教育是通过何种渠道影响金融决策的呢？本书基于信息行为渠道进行检验，根据个人对待信息的态度将人们分为信息搜寻和信息规避两组，并对比在两类群体中认知教育对金融决策的影响是否存在差异。结果发现并没有足够的证据证明信息行为渠道的成立，说明信息行为并不是教育奏效的必要渠道，为此在第二个渠道中将从信息内容视角出发，验证认知更新渠道。在认知更新渠道中，关注信息内容，即关注认知教育提供的信息与个人初始信念之间的关系，并从信念改变的视角出发探究影响机制，对比模糊性偏好、模糊性中性和模糊性厌恶的人在对大病初始信念不同的情况下接收信息更新的反应程度变化，发现初始模糊信念的模糊性偏好个体在认知得到更新后个人的保险市场参与的积极程度最高，其次是初始低估大病发生或死亡的个体，说明认知教育奏效主要是通过改变模糊性偏好个体对大病认知的模糊性，从而有效改变其保险市场参与行为。而对于模糊性中性或模糊性厌恶个体来说，只有在其认知有偏时对其进行教育才奏效，当他们初始信念模糊时认知教育对改变其对大病认知模糊性的效果微乎其微。

综上，本书的主要结论如下：（1）是模糊性态度而不是风险态度决定了个人的大病保险市场参与行为，同时越厌恶模糊性的个人越倾向于了解并购买相应的保险产品；（2）通过提供大病认知教育信息可以有效改变居民保险市场参与行为，此外对模糊性偏好的人群进行教育的效果更佳；（3）认知教育奏效主要是通过改变模糊性偏好个体对大病认知的模糊性和认知有偏，从而有效改变其保险市场参与行为。

## 7.2　研究的主要创新点

第一是研究方法和研究数据的创新。本书利用国内面向个人保险的线上主流市场的头部线上众筹平台进行田野实验，通过这种实验方法，有效克服了以传统方式估计认知教育与大病保险市场参与之间的因果识别等问题，现有文献仍比较匮乏，本书对线上信息提供的有效性进行检验，并完善相关研究。同时，本书在埃尔斯伯格（1961）和迪莫克等（2016a）度量收益情境下模糊性态度的基础上，创新性地基于损失情境度量居民的模糊性态度，度量方式更加全面和准确。

第二是研究视角和研究内容的创新，具体如下。

（1）针对模糊性态度及其与金融决策关系的研究创新。就笔者所知，本书首次通过大样本实验对比收益情境和损失情境下的模糊性态度之间的区别，挖掘模糊性态度和风险态度与大病保险购买决策之间的关系，并对比哪个态度对金融决策有主导作用。之前的学术研究多基于风险态度的角度研究其与金融决策的关联，关于模糊性态度对金融决策以及对比模糊性态度和风险态度的文献比较匮乏，但同时模糊性是更接近真实世界的状态，因此该研究主题意义重大，有利于了解人们在面对不确定时模糊性态度所起的作用。

（2）针对认知教育与金融决策关系的研究创新。在数字经济时代，通过线上面对非特定人群的教育效果如何？国内相关研究较少，尤其关于线上认知教育对大病保险购买行为影响的文献寥寥无几，为了弥补上述空白，本书通过线上方式提供与癌症发生和癌症死亡相关的信息，并追踪个人购买大病保险的意愿是否有显著提高。进一步从模糊性态度的角度出发讨论大病认知教育影响家庭大病保险市场参与的非对称性，补充这一学术空白。

## 7.3　研究启示与展望

本书对模糊性态度、认知教育与居民金融决策之间的关系进行深入研究，对理解模糊性态度对居民金融决策的内在驱动影响和认知教育对居民金融决策的外在驱动影响提供了新的证据。本书发现是模糊性态度而不是风险态度决定了个人参与大病保险市场的决策，且个人越厌恶模糊性越会了解并购买大病商业保险，同时本书证明了通过提供大病相关信息能够有效提高居民参与大病保险的意愿，且认知教育奏效的主要渠道是改变了模糊性偏好者对于模糊性的信念。本书的相应结论有助于理解居民金融决策的内在本质，对于思考如何借助外在手段改善居民认知并制定更合理的金融决策也具有一定的指导和启发意义，提升金融素养有利于居民作出更加合理的理财决策，应该进一步加大普惠性的金融常识教育，推动将金融常识教育纳入国民教育体系，同时也要思考如何针对特定群体进行"精准"教育，提高教育效率。

本书的研究对相关领域形成有效补充，但受限于实验样本观测时长，只能收集个人短期内的保险购买情况，无法追踪后续大病保险的兑付情况，仍存在一些局限性，有待后续探讨和拓展。购买保险的首要目的是规避相应风险，那么有必要对购买大病保险的长期影响进行检验，通过对长期教育防贫的金融路径进行探究，即认知教育是否对因病致贫和因病返贫具有缓解作用，有利于加深对金融教育防贫效果的理解。

# 附录 A　度量模糊性厌恶以及风险厌恶的详细步骤

附录 A 描述了本书问卷调查部分在收益情境和损失情境下度量模糊性厌恶的详细步骤。在收益情境下度量模糊性厌恶的第一个问题如图 3 - 4 所示，被调查者可以在包含 50 个深灰色球和 50 个浅灰色球的盒子 A 和包含 100 个深灰色球和浅灰色球的未知混合的盒子 B 之间进行选择。用户在三个对应选项之间进行选择：箱子 A、箱子 B 和无差异。如果被调查者选择"无差异"，那么匹配概率（q）正好是 50%，下一步将继续通过两个检验问题来刻画问题回答的一致性。

表 A - 1　　　　　　模糊性厌恶测试（收益情境）的问题设置路径

| 问题轮数 | 箱子 A 获奖的概率 q（%） | 下一题 | | |
|---|---|---|---|---|
| | | 箱子 A | 箱子 B | 无差异 |
| Q1 | 50 | Q2 | Q9 | End |
| Q2 | 25 | Q3 | Q6 | End |
| Q3 | 12 | Q4 | Q5 | End |
| Q4 | 6 | End | End | End |
| Q5 | 18 | End | End | End |
| Q6 | 38 | Q7 | Q8 | End |
| Q7 | 32 | End | End | End |
| Q8 | 44 | End | End | End |
| Q9 | 75 | Q10 | Q13 | End |
| Q10 | 62 | Q11 | Q12 | End |

续表

| 问题轮数 | 箱子 A 获奖的概率 q（%） | 下一题 | | |
|---|---|---|---|---|
| | | 箱子 A | 箱子 B | 无差异 |
| Q11 | 56 | End | End | End |
| Q12 | 68 | End | End | End |
| Q13 | 88 | End | End | End |

如果用户在图 3 - 4 中选择箱子 A，那么匹配概率小于 50%，用户表现为模糊性厌恶，在下一个问题中，箱子 A 获胜的概率将降低为 25%，具体如图 A - 1 所示；如果用户在图 3 - 4 中选择箱子 B，那么匹配概率大于 50%，用户表现为模糊性厌恶，在下一个问题中，箱子 A 获胜的概率将提高到 75%，具体如图 A - 2 所示。以此类推。

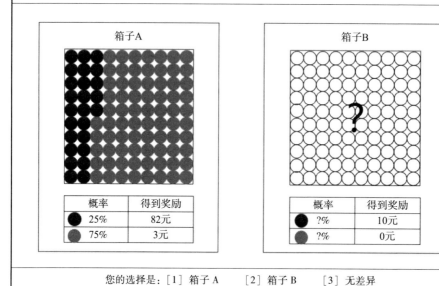

Q2：每一个箱子由深灰色和浅灰色的 100 个球组成，箱子 A 中深灰色球和浅灰色球的分布已知——25 个深灰色球和 75 个浅灰色球，箱子 B 同样由深灰色球和浅灰色球组成，但是每种颜色球的数量不清楚。

在您选的箱子中随机抽取一个球，如果是深灰色球您将得到 10 元，如果是浅灰色球您将得不到奖励。

箱子A

箱子B

| 概率 | 得到奖励 |
|---|---|
| 25% | 82元 |
| 75% | 3元 |

| 概率 | 得到奖励 |
|---|---|
| ?% | 10元 |
| ?% | 0元 |

您的选择是：［1］箱子 A　　　［2］箱子 B　　　［3］无差异

图 A - 1　模糊性厌恶测试（收益情境）的问题（Q2）

　　Q9：每一个箱子由深灰色和浅灰色的 100 个球组成，箱子 A 中深灰色球和浅灰色球的分布已知——75 个深灰色球和 25 个浅灰色球，箱子 B 同样由深灰色球和浅灰色球组成，但是每种颜色球的数量不清楚。

　　在您选的箱子中随机抽取一个球，如果是深灰色球您将得到 10 元，如果是浅灰色球您将得不到奖励。

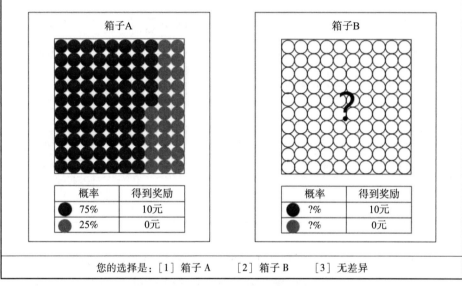

您的选择是：　[1] 箱子 A　　　　[2] 箱子 B　　　　[3] 无差异

**图 A-2　模糊性厌恶测试（收益情境）的问题（Q9）**

　　接下来，介绍损失情境下度量模糊性厌恶的详细步骤。问题设置与收益情境下呈对称关系。同样对用户进行不超过四轮的提问，直到趋近最接近无差异的点。在损失情境下度量模糊性厌恶的第一个问题如图 3-5 所示，被调查者可以在包含 50 个深灰色球和 50 个浅灰色球的盒子 A 和包含 100 个深灰色球和浅灰色球的未知混合的盒子 B 之间进行选择，此时与收益情境不同，用户有可能面临金钱损失。同样要求用户在三个对应选项之间进行选择：箱子 A、箱子 B 和无差异。其中损失情境下用户模糊性厌恶测试的问题设置路径如表 A-2 所示，此时匹配概率变为箱子 A 损失的概率。在此不再赘述。

表 A-2　　　　模糊性厌恶测试（损失情境）的问题设置路径

| 问题轮数 | 箱子 A 损失的概率 q（％） | 下一题 | | |
| --- | --- | --- | --- | --- |
| | | 箱子 A | 箱子 B | 无差异 |
| Q1 | 50 | Q9 | Q2 | End |
| Q2 | 25 | Q6 | Q3 | End |

续表

| 问题轮数 | 箱子 A 损失的概率 q（％） | 下一题 | | |
| --- | --- | --- | --- | --- |
| | | 箱子 A | 箱子 B | 无差异 |
| Q3 | 12 | Q5 | Q4 | End |
| Q4 | 6 | End | End | End |
| Q5 | 18 | End | End | End |
| Q6 | 38 | Q8 | Q7 | End |
| Q7 | 32 | End | End | End |
| Q8 | 44 | End | End | End |
| Q9 | 75 | Q13 | Q10 | End |
| Q10 | 62 | Q12 | Q11 | End |
| Q11 | 56 | End | End | End |
| Q12 | 68 | End | End | End |
| Q13 | 88 | End | End | End |

下面在表 A-3 和表 A-4 中将依次介绍收益情境和损失情境下的风险厌恶测试的问题设置。设置方式参考田中等（Tanaka et al.，2010）和迪莫克等（2016a）的方法。如果个人选择了特定的结果，那么下一轮面对的风险结果的期望会变高；如果用户选择了风险选项，那么下一轮面对的风险结果的期望会变低。上述过程重复不超过四轮，直到风险规避充分接近个人的风险态度。根据用户的回答结合幂函数的相对风险规避系数来估计个人的风险厌恶程度。同样在问题的最后设置两个检验问题，对用户回答的一致性进行刻画。

**表 A-3　　　　　　　　风险厌恶测试（收益情境）的问题设置路径**

| 问题轮数 | 箱子 B 中紫球数 | 箱子 B 中橙球数 | 下一题 | | |
| --- | --- | --- | --- | --- | --- |
| | | | 箱子 A | 箱子 B | 无差异 |
| Q1 | 10 | 90 | Q2 | Q9 | End |
| Q2 | 22 | 78 | Q3 | Q6 | End |
| Q3 | 30 | 70 | Q4 | Q5 | End |
| Q4 | 36 | 64 | End | End | End |
| Q5 | 24 | 76 | End | End | End |
| Q6 | 16 | 84 | Q7 | Q8 | End |

续表

| 问题轮数 | 箱子 B 中紫球数 | 箱子 B 中橙球数 | 下一题 | | |
|---|---|---|---|---|---|
| | | | 箱子 A | 箱子 B | 无差异 |
| Q7 | 19 | 81 | End | End | End |
| Q8 | 13 | 87 | End | End | End |
| Q9 | 6 | 94 | Q10 | Q13 | End |
| Q10 | 8 | 92 | Q11 | Q12 | End |
| Q11 | 9 | 91 | End | End | End |
| Q12 | 7 | 93 | End | End | End |
| Q13 | 5 | 95 | End | End | End |

表 A - 4　　　　　风险厌恶测试（损失情境）的问题设置路径

| 问题轮数 | 箱子 B 中紫球数 | 箱子 B 中橙球数 | 下一题 | | |
|---|---|---|---|---|---|
| | | | 箱子 A | 箱子 B | 无差异 |
| Q1 | 10 | 90 | Q9 | Q2 | End |
| Q2 | 22 | 78 | Q6 | Q3 | End |
| Q3 | 30 | 70 | Q5 | Q4 | End |
| Q4 | 36 | 64 | End | End | End |
| Q5 | 24 | 76 | End | End | End |
| Q6 | 16 | 84 | Q8 | Q7 | End |
| Q7 | 19 | 81 | End | End | End |
| Q8 | 13 | 87 | End | End | End |
| Q9 | 6 | 94 | Q13 | Q10 | End |
| Q10 | 8 | 92 | Q12 | Q11 | End |
| Q11 | 9 | 91 | End | End | End |
| Q12 | 7 | 93 | End | End | End |
| Q13 | 5 | 95 | End | End | End |

# 附录 B  强制教育组实验设计

尊敬的用户，您好！

感谢您参加本次金融行为调研。本次调研目的是了解用户基本情况，以便为用户提供更好的金融服务。您的回答没有对错之分，请根据真实想法填写。我们将对调查所获得的信息严格保密。预计作答时间不超过五分钟。

第 1 部分：强制认知教育（内部标题，参与者不可见）

1. 请您猜测 2020 年中国新发癌症有多少例

[1] $x \leqslant 100$ 万例

[2] 100 万例 $< x \leqslant 1\,000$ 万例

[3] $x > 1\,000$ 万例

[4] 不清楚

2. 请您猜测 2020 年中国癌症死亡人数有多少

[1] $x \leqslant 100$ 万例

[2] 100 万例 $< x \leqslant 1\,000$ 万例

[3] $x > 1\,000$ 万例

[4] 不清楚

直接展示（内部标题，参与者不可见）

第一题：正确选项［2］，2020 年全球新发癌症病例 1 929 万例，其中中国新发癌症 457 万例，占全球 23.7%，位居全球第一。

第二题：正确选项［2］，2020 年中国癌症死亡人数 300 万例，占全球 30%，位居全球第一。

【查看更多关于癌症的小科普】

点击【查看更多关于癌症的小科普】后显示（内部标题，参与者不可见）

新发病例数位列前十的癌症分别是：肺癌、结直肠癌、胃癌、乳腺癌、肝癌、食管癌、甲状腺癌、胰腺癌、前列腺癌和宫颈癌。

第 2 部分：模糊性态度测试（内部标题，参与者不可见）

　　具体设计方式见 3.2.1 模糊性厌恶度量方法与附录 A 中关于度量模糊性厌恶的详细步骤，在此省略。（内部说明，参与者不可见）

　　第 3 部分：风险态度测试（内部标题，参与者不可见）

　　具体设计方式见 3.2.2 风险厌恶度量方法与附录 A 中关于度量风险厌恶的详细步骤，在此省略。（内部说明，参与者不可见）

　　第 4 部分：其他人口统计学信息（内部标题，参与者不可见）

　　1. 您的性别是：

　　[1] 男

　　[2] 女

　　2. 您的年龄处于：

　　[1] 18 岁以下

　　[2] 18 ~ 30 岁

　　[3] 31 ~ 40 岁

　　[4] 41 ~ 50 岁

　　[5] 51 ~ 60 岁

　　[6] 60 岁以上

　　3. 您的最高教育程度是：

　　[1] 小学及以下

　　[2] 初中

　　[3] 高中/中专/技校/职高

　　[4] 大学专科

　　[5] 大学本科及以上

　　4. 您对自己健康状况的评价如何？

　　[1] 很好

　　[2] 较好

　　[3] 一般

　　[4] 较差

　　[5] 很差

　　[6] 不太清楚自己身体状况

　　5. 您的家庭月收入为：

　　[1] 0 ~ 2 000 元

　　[2] 2 001 ~ 4 000 元

　　[3] 4 001 ~ 6 000 元

［4］6 001 ~ 8 000 元

［5］8 001 ~ 10 000 元

［6］10 001 ~ 15 000 元

［7］15 001 元以上

［8］拒绝透露

6. 您是否有社保:

［1］是

［2］否

7. 您之前是否购买过商业保险:

［1］是

［2］否

8. 您在何时购买过商业保险:

［1］新冠疫情前（2019 年及之前）

［2］新冠疫情后（2020 年之后）

［3］均购买过

9. 请问您对此的认同度: 您能够相信身边的大多数人

［1］十分同意

［2］比较同意

［3］无所谓同意不同意

［4］不同意

［5］非常不同意

［6］不清楚

# 附录 C 自行教育组实验设计

尊敬的用户，您好！

感谢您参加本次金融行为调研。本次调研目的是了解用户基本情况，以便为用户提供更好的金融服务。您的回答没有对错之分，请根据真实想法填写。我们将对调查所获得的信息严格保密。预计作答时间不超过五分钟。

第 1 部分：自行认知教育（内部标题，参与者不可见）

1. 请您猜测 2020 年中国新发癌症有多少例

[1] $x \leqslant 100$ 万例

[2] $100$ 万例 $< x \leqslant 1\ 000$ 万例

[3] $x > 1\ 000$ 万例

[4] 不清楚

2. 请您猜测 2020 年中国癌症死亡人数有多少

[1] $x \leqslant 100$ 万例

[2] $100$ 万例 $< x \leqslant 1\ 000$ 万例

[3] $x > 1\ 000$ 万例

[4] 不清楚

【查看答案】or【跳过】

点击【查看答案】后显示（内部标题，参与者不可见）：

第一题：正确选项 [2]，2020 年全球新发癌症病例 1 929 万例，其中中国新发癌症 457 万例，占全球 23.7%，位居全球第一。

第二题：正确选项 [2]，2020 年中国癌症死亡人数 300 万例，占全球 30%，位居全球第一。

【查看更多关于癌症的小科普】

点击【查看更多关于癌症的小科普】后显示（内部标题，参与者不可见）：

新发病例数位列前十的癌症分别是：肺癌、结直肠癌、胃癌、乳腺癌、肝癌、食管癌、甲状腺癌、胰腺癌、前列腺癌和宫颈癌。

第2部分：模糊性态度测试（内部标题，参与者不可见）

具体设计方式见3.2.1 模糊性厌恶度量方法与附录A中关于度量模糊性厌恶的详细步骤，在此省略。（内部说明，参与者不可见）

第3部分：风险态度测试（内部标题，参与者不可见）

具体设计方式见3.2.2 风险厌恶度量方法与附录A中关于度量风险厌恶的详细步骤，在此省略。（内部说明，参与者不可见）

第4部分：其他人口统计学信息（内部标题，参与者不可见）

1. 您的性别是：

[1] 男

[2] 女

2. 您的年龄处于：

[1] 18 岁以下

[2] 18～30 岁

[3] 31～40 岁

[4] 41～50 岁

[5] 51～60 岁

[6] 60 岁以上

3. 您的最高教育程度是：

[1] 小学及以下

[2] 初中

[3] 高中/中专/技校/职高

[4] 大学专科

[5] 大学本科及以上

4. 您对自己健康状况的评价如何？

[1] 很好

[2] 较好

[3] 一般

[4] 较差

[5] 很差

[6] 不太清楚自己身体状况

5. 您的家庭月收入为：

[1] 0～2 000 元

［2］2 001～4 000 元

［3］4 001～6 000 元

［4］6 001～8 000 元

［5］8 001～10 000 元

［6］10 001～15 000 元

［7］15 001 元以上

［8］拒绝透露

6. 您是否有社保：

［1］是

［2］否

7. 您之前是否购买过商业保险：

［1］是

［2］否

8. 您在何时购买过商业保险：

［1］新冠疫情前（2019 年及之前）

［2］新冠疫情后（2020 年之后）

［3］均购买过

9. 请问您对此的认同度：您能够相信身边的大多数人

［1］十分同意

［2］比较同意

［3］无所谓同意不同意

［4］不同意

［5］非常不同意

［6］不清楚

# 附录 D  对照组实验设计

尊敬的用户，您好！

感谢您参加本次金融行为调研。本次调研目的是了解用户基本情况，以便为用户提供更好的金融服务。您的回答没有对错之分，请根据真实想法填写。我们将对调查所获得的信息严格保密。预计作答时间不超过五分钟。

第 1 部分：模糊性态度测试（内部标题，参与者不可见）

具体设计方式见 3.2.1 模糊性厌恶度量方法与附录 A 中关于度量模糊性厌恶的详细步骤，在此省略。（内部说明，参与者不可见）

第 2 部分：风险态度测试（内部标题，参与者不可见）

具体设计方式见 3.2.2 风险厌恶度量方法与附录 A 中关于度量风险厌恶的详细步骤，在此省略。（内部说明，参与者不可见）

第 3 部分：其他人口统计学信息（内部标题，参与者不可见）

1. 您的性别是：

［1］男

［2］女

2. 您的年龄处于：

［1］18 岁以下

［2］18～30 岁

［3］31～40 岁

［4］41～50 岁

［5］51～60 岁

［6］60 岁以上

3. 您的最高教育程度是：

［1］小学及以下

［2］初中

［3］高中/中专/技校/职高

［4］大学专科

［5］大学本科及以上

4. 您对自己健康状况的评价如何?

［1］很好

［2］较好

［3］一般

［4］较差

［5］很差

［6］不太清楚自己身体状况

5. 您的家庭月收入为:

［1］0～2 000 元

［2］2 001～4 000 元

［3］4 001～6 000 元

［4］6 001～8 000 元

［5］8 001～10 000 元

［6］10 001～15 000 元

［7］15 001 元以上

［8］拒绝透露

6. 您是否有社保:

［1］是

［2］否

7. 您之前是否购买过商业保险:

［1］是

［2］否

8. 您在何时购买过商业保险:

［1］新冠疫情前（2019 年及之前）

［2］新冠疫情后（2020 年之后）

［3］均购买过

9. 请问您对此的认同度:您能够相信身边的大多数人

［1］十分同意

［2］比较同意

〔3〕无所谓同意不同意

〔4〕不同意

〔5〕非常不同意

〔6〕不清楚

# 参 考 文 献

[1] 陈强, 许万紫. 奈特不确定、汇率波动与外商直接投资 [J]. 中国管理科学, 2023, 31 (6): 12-24.

[2] 邓颖惠, 王正位, 廖理. 金融知识与收入 "逆袭" [J]. 清华金融评论, 2018 (1): 97-98.

[3] 段军山, 崔蒙雪. 信贷约束, 风险态度与家庭资产选择 [J]. 统计研究, 2016, 33 (6): 62-71.

[4] 高金窑. 奈特不确定性与非流动资产定价: 理论与实证 [J]. 经济研究, 2013, 48 (10): 82-97.

[5] 高明, 刘玉珍. 跨国家庭金融比较: 理论与政策意涵 [J]. 经济研究, 2013, 48 (2): 134-149.

[6] 胡振, 臧日宏. 收入风险, 金融教育与家庭金融市场参与 [J]. 统计研究, 2016, 33 (12): 67-73.

[7] 江静琳, 王正位, 向虹宇, 廖理. 金融知识与基金投资收益: 委托投资能否替代金融知识 [J]. 世界经济, 2019, 42 (8): 170-192.

[8] 李涛, 郭杰. 风险态度与股票投资 [J]. 经济研究, 2009 (2): 56-67.

[9] 廖理, 初众, 张伟强. 中国居民金融素养与活动的定量测度分析 [J]. 数量经济技术经济研究, 2021, 38 (7): 43-64.

[10] 廖理, 黄博. 建立我国居民家庭的金融幸福感 [J]. 清华金融评论, 2020 (7): 107-112.

[11] 刘坤坤, 万金, 黄毅. 居民人身保险消费行为及其影响因素分析——基于粤东四市人身保险消费行为调查 [J]. 保险研究, 2012 (8): 53-59.

[12] 孙祁祥, 王向楠. 家庭财务脆弱性、资产组合与人寿保险需求: 指标改进和两部回归分析 [J]. 保险研究, 2013 (6): 23-34.

[13] 王正位, 邓颖惠, 廖理. 知识改变命运: 金融知识与微观收入流动

性 [J]. 金融研究, 2016 (12): 111 –127.

[14] 吴卫星, 汪勇祥, 成刚. 信息不对称与股权结构: 中国上市公司的实证分析 [J]. 系统工程理论与实践, 2004 (11): 28 –32.

[15] 吴卫星, 汪勇祥, 梁衡义. 过度自信、有限参与和资产价格泡沫 [J]. 经济研究, 2006 (4): 115 –127.

[16] 吴卫星, 吴锟, 王琎. 金融素养与家庭负债——基于中国居民家庭微观调查数据的分析 [J]. 经济研究, 2018 (1): 97 –109.

[17] 肖经建. 消费者金融行为、消费者金融教育和消费者福利 [J]. 经济研究, 2011, 46 (S1): 4 –16.

[18] 尹志超, 宋全云, 吴雨. 金融知识, 投资经验与家庭资产选择 [J]. 经济研究, 2014 (4): 62 –75.

[19] 曾志耕, 何青, 吴雨, 等. 金融知识与家庭投资组合多样性 [J]. 经济学家, 2015, 6 (6): 86 –94.

[20] 张琳琬, 吴卫星. 风险态度与居民财富——来自中国微观调查的新探究 [J]. 金融研究, 2016, 430 (4): 115 –127.

[21] 张云亮, 冯珺, 赵奇锋, 等. 风险态度对中国城乡家庭创业的影响分析 [J]. 财经研究, 2020, 46 (3): 154 –168.

[22] 周弘. 风险态度、消费者金融教育与家庭金融市场参与 [J]. 经济科学, 2015 (1): 79 –88.

[23] Abdellaoui M, Klibanoff P, Placido L. Experiments on compound risk in relation to simple risk and to ambiguity [J]. Management Science, 2015, 61 (6): 1306 –1322.

[24] Ahn D, Choi S, Gale D, et al. Estimating ambiguity aversion in a portfolio choice experiment [J]. Quantitative Economics, 2014, 5 (2): 195 –223.

[25] Ajzen I. The theory of planned behavior [J]. Organizational Behavior and Human Decision Processes, 1991, 50 (2): 179 –211.

[26] Ahn D, Choi S, Gale D, et al. Estimating ambiguity aversion in a portfolio choice experiment [J]. Quantitative Economics, 2014, 5 (2): 195 –223.

[27] Alary D, Gollier C, Treich N. The effect of ambiguity aversion on insurance and self-protection [J]. The Economic Journal, 2013, 123 (573): 1188 –1202.

[28] Al-Najjar N I. Decision makers as statisticians: Diversity, ambiguity, and learning [J]. Econometrica, 2009, 77 (5): 1371 – 1401.

[29] Al-Najjar N I, Weinstein J. The ambiguity aversion literature: A critical assessment [J]. Economics & Philosophy, 2009, 25 (3): 249 – 284.

[30] Bai C E, Chi W, Liu T X, et al. Boosting pension enrollment and household consumption by example: A field experiment on information provision [J]. Journal of Development Economics, 2021 (150): 102622.

[31] Baillon A, Cabantous L, Wakker P P. Aggregating imprecise or conflicting beliefs: An experimental investigation using modern ambiguity theories [J]. Journal of Risk and Uncertainty, 2012, 44 (2): 115 – 147.

[32] Becker S W, Brownson F O. What price ambiguity? Or the role of ambiguity in decision-making [J]. Journal of Political Economy, 1964, 72 (1): 62 – 73.

[33] Behrman J R, Mitchell O S, Soo C K, et al. How financial literacy affects household wealth accumulation [J]. American Economic Review, 2012, 102 (3): 300 – 304.

[34] Belissa T K, Lensink R, Van Asseldonk M. Risk and ambiguity aversion behavior in index-based insurance uptake decisions: Experimental evidence from Ethiopia [J]. Journal of Economic Behavior & Organization, 2020 (180): 718 – 730.

[35] Benartzi S, Thaler R H. Myopic loss aversion and the equity premium puzzle [J]. The Quarterly Journal of Economics, 1995, 110 (1): 73 – 92.

[36] Benartzi S, Thaler R H. Naive diversification strategies in defined contribution saving plans [J]. American Economic Review, 2001, 91 (1): 79 – 98.

[37] Bernheim B D, Garrett D M, Maki D M. Education and saving: The long-term effects of high school financial curriculum mandates [J]. Journal of Public Economics, 2001, 80 (3): 435 – 465.

[38] Bernheim B D, Garrett D M. The effects of financial education in the workplace: Evidence from a survey of households [J]. Journal of Public Economics, 2003, 87 (7 – 8): 1487 – 1519.

[39] Bernstein S, Korteweg A, Laws K. Attracting early-stage investors: Evidence from a randomized field experiment [J]. The Journal of Finance, 2017,

72（2）：509 – 538.

　　［40］ Bhargava S, Manoli D. Psychological frictions and the incomplete take-up of social benefits: Evidence from an IRS field experiment ［J］. American Economic Review, 2015, 105（11）：3489 – 3529.

　　［41］ Binmore K, Stewart L, Voorhoeve A. How much ambiguity aversion? ［J］. Journal of Risk and Uncertainty, 2012, 45（3）：215 – 238.

　　［42］ Blake D. Efficiency, risk aversion and portfolio insurance: An analysis of financial asset portfolios held by investors in the United Kingdom ［J］. The Economic Journal, 1996, 106（438）：1175 – 1192.

　　［43］ Boozer M A, Philipson T J. The impact of public testing for human immunodeficiency virus ［J］. Journal of Human Resources, 2000：419 – 446.

　　［44］ Bordalo P, Gennaioli N, Shleifer A. Salience theory of choice under risk ［J］. The Quarterly Journal of Economics, 2012, 127（3）：1243 – 1285.

　　［45］ Bordalo P, Gennaioli N, Shleifer A. Salience and consumer choice ［J］. Journal of Political Economy, 2013, 121（5）：803 – 843.

　　［46］ Bossaerts P, Ghirardato P, Guarnaschelli S, et al. Ambiguity in asset markets: Theory and experiment ［J］. The Review of Financial Studies, 2010, 23（4）：1325 – 1359.

　　［47］ Brown M, Grigsby J, Van Der Klaauw W, et al. Financial education and the debt behavior of the young ［J］. The Review of Financial Studies, 2016, 29（9）：2490 – 2522.

　　［48］ Butler J V, Guiso L, Jappelli T. The role of intuition and reasoning in driving aversion to risk and ambiguity ［J］. Theory and Decision, 2014, 77（4）：455 – 484.

　　［49］ Cabantous L. Ambiguity aversion in the field of insurance: Insurers attitude to imprecise and conflicting probability estimates ［J］. Theory and Decision, 2007, 62（3）：219 – 240.

　　［50］ Calvet L E, Campbell J Y, Sodini P. Down or out: Assessing the welfare costs of household investment mistakes ［J］. Journal of Political Economy, 2007, 115（5）：707 – 747.

　　［51］ Calvet L E, Sodini P. Measuring the financial sophistication of households ［J］. American Economic Review, 2009, 99（2）：393 – 398.

　　［52］ Calvet L E, Sodini P. Twin picks: Disentangling the determinants of risk-taking in household portfolios [J]. The Journal of Finance, 2014, 69 (2): 867 – 906.

[53] Campbell J Y. Household Finance [J]. Journal of Finance, 2006 (61): 1553 – 1604.

[54] Caplescu R. Using the theory of planned behaviour to study fertility intentions in Romania [J]. Procedia Economics and Finance, 2014 (10): 125 – 133.

[55] Carpena F, Cole S, Shapiro J, et al. The ABCs of financial education: Experimental evidence on attitudes, behavior, and cognitive biases [J]. Management Science, 2019, 65 (1): 346 – 369.

[56] Case D O, Andrews J E, Johnson J D, et al. Avoiding versus seeking: The relationship of information seeking to avoidance, blunting, coping, dissonance, and related concepts [J]. Journal of the Medical Library Association, 2005, 93 (3): 353 – 362.

[57] Chen Z, Epstein L. Ambiguity, risk, and asset returns in continuous time [J]. Econometrica, 2002, 70 (4): 1403 – 1443.

[58] Chew S H, Ebstein R P, Zhong S. Ambiguity aversion and familiarity bias: Evidence from behavioral and gene association studies [J]. Journal of Risk and Uncertainty, 2012, 44 (1): 1 – 18.

[59] Christelis D, Jappelli T, Padula M. Cognitive abilities and portfolio choice [J]. European Economic Review, 2010, 54 (1): 18 – 38.

[60] Cohen M, Jaffray J Y, Said T. Individual behavior under risk and under uncertainty: An experimental study [J]. Theory and Decision, 1985, 18 (2): 203 – 228.

[61] Cohen M, Jaffray J Y, Said T. Experimental comparison of individual behavior under risk and under uncertainty for gains and for losses [J]. Organizational Behavior and Human Decision Processes, 1987, 39 (1): 1 – 22.

[62] Cohen M, Tallon J M, Vergnaud J C. An experimental investigation of imprecision attitude and its relation with risk attitude and impatience [J]. Theory and Decision, 2011, 71 (1): 81 – 109.

[63] Cohn D, Atlas L, Ladner R. Improving generalization with active learning [J]. Machine Learning, 1994, 15 (2): 201 – 221.

[64] Daponte B O, Sanders S, Taylor L. Why do low-income households not

use food stamps? Evidence from an experiment [J]. Journal of Human Resources, 1999: 612 –628.

[65] Dimmock S G, Kouwenberg R, Mitchell O S, et al. Ambiguity aversion and household portfolio choice puzzles: Empirical evidence [J]. Journal of Financial Economics, 2016a, 119 (3): 559 –577.

[66] Dimmock S G, Kouwenberg R, Wakker P P. Ambiguity attitudes in a large representative sample [J]. Management Science, 2016b, 62 (5): 1363 – 1380.

[67] Dominitz J, Manski C F. Using expectations data to study subjective income expectations [J]. Journal of the American Statistical Association, 1997, 92 (439): 855 –867.

[68] Ellsberg D. Risk, ambiguity, and the Savage axioms [J]. The Quarterly Journal of Economics, 1961: 643 –669.

[69] Epstein L G, Schneider M. Ambiguity, information quality, and asset pricing [J]. The Journal of Finance, 2008, 63 (1): 197 –228.

[70] Fiegenbaum A, Thomsd H. Attitudes toward risk and risk-return paradox: Prospect theory explanations [J]. Academy of Management Journal, 1988 (9).

[71] Fisher I. Theory of interest: As determined by impatience to spend income and opportunity to invest it [M]. Augustusm Kelly Publishers, Clifton, 1930.

[72] Friedman B. Risk aversion and the consumer choice of health insurance option [J]. The Review of Economics and Statistics, 1974: 209 –214.

[73] Fox C R, Tversky A. Ambiguity aversion and comparative ignorance [J]. The Quarterly Journal of Economics, 1995, 110 (3): 585 –603.

[74] Ghirardato P, Maccheroni F, Marinacci M. Differentiating ambiguity and ambiguity attitude [J]. Journal of Economic Theory, 2004, 118 (2): 133 –173.

[75] Giles J, Meng X, Xue S, et al. Can information influence the social insurance participation decision of China's rural migrants? [J]. Journal of Development Economics, 2021 (150): 102645.

[76] Goda G S, Manchester C F, Sojourner A J. What will my account really be worth? Experimental evidence on how retirement income projections affect saving [J]. Journal of Public Economics, 2014 (119): 80 –92.

[77] Godlonton S, Thornton R. Peer effects in learning HIV results [J].

Journal of Development Economics, 2012, 97 (1): 118 – 129.

［78］ Golman R, Hagmann D, Loewenstein G. Information avoidance ［J］. Journal of Economic Literature, 2017, 55 (1): 96 – 135.

［79］ Gollier C. Portfolio choices and asset prices: The comparative statics of ambiguity aversion ［J］. The Review of Economic Studies, 2011, 78 (4): 1329 – 1344.

［80］ Guiso L, Haliassos M, Jappelli T. Household portfolios ［M］. MIT press, 2002.

［81］ Guiso L, Paiella M. Risk aversion, wealth, and background risk ［J］. Journal of the European Economic Association, 2008, 6 (6): 1109 – 1150.

［82］ Guiso L, Sapienza P, Zingales L. Trusting the stock market ［J］. The Journal of Finance, 2008, 63 (6): 2557 – 2600.

［83］ Hadar L, Sood S, Fox C R. Subjective knowledge in consumer financial decisions ［J］. Journal of Marketing Research, 2013, 50 (3): 303 – 316.

［84］ Hansen L, Sargent. Robust control and model uncertainty ［J］. American Economic Review, 2001, 91 (2): 60 – 66.

［85］ Harless D W, Camerer C F. The predictive utility of generalized expected utility theories ［J］. Econometrica: Journal of the Econometric Society, 1994: 1251 – 1289.

［86］ Hastings J S, Weinstein J M. Information, school choice, and academic achievement: Evidence from two experiments ［J］. The Quarterly Journal of Economics, 2008, 123 (4): 1373 – 1414.

［87］ Hayashi T, Miao J. Intertemporal substitution and recursive smooth ambiguity preferences ［J］. Theoretical Economics, 2011, 6 (3): 423 – 472.

［88］ Hertwig R, Barron G, Weber E U, et al. Decisions from experience and the effect of rare events in risky choice ［J］. Psychological Science, 2004, 15 (8): 534 – 539.

［89］ Hey J D, Orme C. Investigating generalizations of expected utility theory using experimental data ［J］. Econometrica: Journal of the Econometric Society, 1994: 1291 – 1326.

［90］ Hu D, Wang H. Reinsurance contract design when the insurer is ambiguity-averse ［J］. Insurance: Mathematics and Economics, 2019 (86): 241 – 255.

［91］ Huettel S A, Stowe C J, Gordon E M, et al. Neural signatures of economic preferences for risk and ambiguity ［J］. Neuron, 2006, 49 (5): 765 – 775.

［92］ Izhakian Y. Expected utility with uncertain probabilities theory ［J］. Journal of Mathematical Economics, 2017 (69): 91 – 103.

［93］ Izhakian Y. A theoretical foundation of ambiguity measurement ［J］. Journal of Economic Theory, 2020 (187): 105001.

［94］ Izhakian Y, Yermack D. Risk, ambiguity, and the exercise of employee stock options ［J］. Journal of Financial Economics, 2017, 124 (1): 65 – 85.

［95］ Jegers M. Prospect theory and the risk-return relation: Some Belgian evidence ［J］. Academy of Management Journal, 1991 (1).

［96］ Ju N, Miao J. Ambiguity, learning, and asset returns ［J］. Econometrica, 2012, 80 (2): 559 – 591.

［97］ Kahneman D, Tversky A. Prospect theory: An analysis of decision under risk ［M］. Handbook of the Fundamentals of Financial Decision Making: Part I. 2013: 99 – 127.

［98］ Ke S, Zhang Q. Randomization and ambiguity aversion ［J］. Econometrica, 2020, 88 (3): 1159 – 1195.

［99］ Keynes J M. The general theory of employment, interest, and money ［M］. Springer, 2018.

［100］ Klibanoff P, Marinacci M, Mukerji S. A smooth model of decision making under ambiguity ［J］. Econometrica, 2005, 73 (6): 1849 – 1892.

［101］ Kling J R, Mullainathan S, Shafir E, et al. Comparison friction: Experimental evidence from Medicare drug plans ［J］. The Quarterly Journal of Economics, 2012, 127 (1): 199 – 235.

［102］ Knight F H. Risk, uncertainty and profit ［M］. Houghton Mifflin, 1921.

［103］ Korniotis G M, Kumar A. Do portfolio distortions reflect superior information or psychological biases? ［J］. Journal of Financial and Quantitative Analysis, 2013, 48 (1): 1 – 45.

［104］ Köszegi B, Szeidl A. A model of focusing in economic choice ［J］. The Quarterly Journal of Economics, 2013, 128 (1): 53 – 104.

［105］ Lange F. The role of education in complex health decisions: Evidence from cancer screening [J]. Journal of Health Economics, 2011, 30 (1): 43 –54.

[106] Larry G, Epstein, et al. Ambiguous Volatility and Asset Pricing in Continuous Time [J]. Review of Financial Studies, 2013, 26 (7): 1740 –1786.

[107] Li C W, Tiwari A, Tong L. Investment decisions under ambiguity: Evidence from mutual fund investor behavior [J]. Management Science, 2017, 63 (8): 2509 –2528.

[108] Liebman J B, Luttmer E F P. Would people behave differently if they better understood social security? Evidence from a field experiment [J]. American Economic Journal: Economic Policy, 2015, 7 (1): 275 –299.

[109] Lusardi A, Mitchelli O S. Financial literacy and retirement preparedness: Evidence and implications for financial education [J]. Business Economics, 2007, 42 (1): 35 –44.

[110] Lusardi A, Mitchell O S. Financial literacy and planning: Implications for retirement wellbeing [R]. National Bureau of Economic Research, 2011.

[111] Maccheroni F, Marinacci M, Rustichini A. Ambiguity aversion, robustness, and the variational representation of preferences [J]. Econometrica, 2006, 74 (6): 1447 –1498.

[112] Machina M J, Siniscalchi M. Ambiguity and ambiguity aversion [M]. Handbook of the Economics of Risk and Uncertainty. North-Holland, 2014 (1): 729 –807.

[113] Mandell L. Teaching youngdogs old tricks: The effectiveness of financial literacy intervention in pre-high school grades [C]. Academy of Financial Services 2006 Annual Conference, Salt Lake City, UT. 2006.

[114] Manski C F. Measuring expectations [J]. Econometrica, 2004, 72 (5): 1329 –1376.

[115] Mastrobuoni G. The role of information for retirement behavior: Evidence based on the stepwise introduction of the Social Security Statement [J]. Journal of Public Economics, 2011, 95 (7 –8): 913 –925.

[116] Miao J, Wei B, Zhou H. Ambiguity aversion and the variance premium [J]. Quarterly Journal of Finance, 2019, 9 (2): 1950003.

[117] Mukerji S, Tallon J M. Ambiguity aversion and incompleteness of financial markets [J]. The Review of Economic Studies, 2001, 68 (4): 883 –904.

[118] Narayan B, Case D O, Edwards S L. The role of information avoidance in everyday life information behaviors [J]. Proceedings of the American Society for Information Science and Technology, 2011, 48 (1): 1 – 9.

[119] Oster E, Shoulson I, Dorsey E. Optimal expectations and limited medical testing: Evidence from Huntington disease [J]. American Economic Review, 2013, 103 (2): 804 – 830.

[120] Outreville J F. Risk aversion, risk behavior, and demand for insurance: A survey [J]. Journal of Insurance Issues, 2014: 158 – 186.

[121] Outreville J F. The relationship between relative risk aversion and the level of education: A survey and implications for the demand for life insurance [J]. Journal of Economic Surveys, 2015, 29 (1): 97 – 111.

[122] Payzan-LeNestour E. Can people learn about 'black swans'? Experimental evidence [J]. The Review of Financial Studies, 2018, 31 (12): 4815 – 4862.

[123] Prince M. Does active learning work? A review of the research [J]. Journal of Engineering Education, 2004, 93 (3): 223 – 231.

[124] Puri M, Robinson D T. Optimism and economic choice [J]. Journal of Financial Economics, 2007, 86 (1): 71 – 99.

[125] Remund D L. Financial literacy explicated: The case for a clearer definition in an increasingly complex economy [J]. Journal of Consumer Affairs, 2010, 44 (2): 276 – 295.

[126] Savage L J. The foundations of statistics [M]. Courier Corporation, 1972.

[127] Segal U. The Ellsberg paradox and risk aversion: An anticipated utility approach [J]. International Economic Review, 1987: 175 – 202.

[128] Shi Z. Time-varying ambiguity, credit spreads, and the levered equity premium [J]. Journal of Financial Economics, 2019, 134 (3): 617 – 646.

[129] Shim S, Xiao J J, Barber B L, et al. Pathways to life success: A conceptual model of financial well-being for young adults [J]. Journal of Applied Developmental Psychology, 2009, 30 (6): 708 – 723.

[130] Singh J, Sirdeshmukh D. Agency and trust mechanisms in consumer satisfaction and loyalty judgments [J]. Journal of the Academy of Marketing Science, 2000, 28 (1): 150 – 167.

[131] Sirdeshmukh D, Singh J, Sabol B. Consumer trust, value, and loyalty in relational exchanges [J]. Journal of Marketing, 2002, 66 (1): 15 – 37.

[132] Stango V, Zinman J. Exponential growth bias and household finance [J]. The Journal of Finance, 2009a, 64 (6): 2807 – 2849.

[133] Stango V, Zinman J. What do consumers really pay on their checking and credit card accounts? Explicit, implicit, and avoidable costs [J]. American Economic Review, 2009b, 99 (2): 424 – 429.

[134] Stigler S M. The history of statistics: The measurement of uncertainty before 1900 [M]. Harvard University Press, 1986.

[135] Sweeny K, Melnyk D, Miller W, et al. Information avoidance: who, what, when, and why [J]. Review of General Psychology, 2010, 14 (4): 340 – 353.

[136] Tanaka T, Camerer C F, Nguyen Q. Risk and time preferences: Linking experimental and household survey data from Vietnam [J]. American Economic Review, 2010, 100 (1): 557 – 571.

[137] Taylor S E, Thompson S C. Stalking the elusive "vividness" effect [J]. Psychological Review, 1982, 89 (2): 155.

[138] Thaler R H, Sunstein C R. Libertarian paternalism [J]. American Economic Review, 2003, 93 (2): 175 – 179.

[139] Trautmann S T, Vieider F M, Wakker P P. Causes of ambiguity aversion: Known versus unknown preferences [J]. Journal of Risk and Uncertainty, 2008, 36 (3): 225 – 243.

[140] Tur G, Hakkani-Tür D, Schapire R E. Combining active and semi-supervised learning for spoken language understanding [J]. Speech Communication, 2005, 45 (2): 171 – 186.

[141] Utkus S P, Young J. Financial literacy and 401 (k) loans [J]. Financial Literacy: Lmplications for Retirement Security and the Financial Marketplace, 2011: 59.

[142] Wagner J. Financial education and financial literacy by income and education groups [J]. Journal of Financial Counseling and Planning, 2019, 30 (1): 132 – 141.

[143] Wakker P P. Prospect theory: For risk and ambiguity [M]. Cambridge University Press, 2010.

［144］ Weinstein N D. Optimistic biases about personal risks ［J］. Science, 1989, 246 (4935)：1232 – 1234.

［145］ Wilson T D. On user studies and information needs ［J］. Journal of Documentation, 1981, 37 (1)：3 – 15.

［146］ Xiao J J, Wu G. Completing debt management plans in credit counseling：An application of the theory of planned behavior ［J］. Journal of Financial Counseling and Planning, 2008, 19 (2).

# 后　　记

　　感谢导师廖理教授对我的悉心指导。学术上，您始终以勤勉的态度指导我，教导我开展有价值的研究；学术外，您坚持用敬业的精神和高尚的品格指引我，告诉我要做一个大写的人。感谢您的悉心点拨，您的言传身教深深感染激励着我，这份师恩我永生难忘！感谢副导师王正位副教授的指导和帮助。学术上，您耐心指导，毫无保留地传授宝贵经验；社工和生活中，您也给了我非常多的指引和鼓励。承蒙教诲，感激不尽！感谢张伟强老师的指导和关照，在学业和生活中张老师都提供了诸多建议和帮助，令我受益良多。感谢胡杏、李波和张际等老师们的指导和建议，让我不断思考，持续进步。

　　感谢师门的兄弟姐妹多年的帮助，感谢袁伟师兄和李鹏飞师兄在博士阶段第一篇论文的指导和引路，感谢李耕在博士论文实验阶段同舟共济，感谢李梦云、王子豪、刘宇璠和杨浩泉等人在博士阶段的支持和帮助。感谢金博17班全体同学五年来的共同成长和进步，感谢张子健和苏智伟在科研中对我的帮助，感谢室友金昭五年来的陪伴。

　　感谢我的爸爸和妈妈，感谢你们给我无条件的爱、理解和支持，给予我前行的信念和勇气；感谢我的爱人张玄逸，因师门结缘，并肩同行，在求学与生活的道路上携手共进；感谢我亲如家人的挚友们，是你们陪着我走过一段又一段的路，分担辛苦、共享喜乐。

　　感谢清华大学和五道口金融学院的栽培。